問題発生から解決まで

生徒指導「トラブル対応」の教科書

プロセス編

吉田順

学事出版

はじめに～トラブルの解決に強くなるために～

この本は担任や生徒指導の係になると、必ず遭遇する「トラブル」や「問題行動」のおよそ全てを網羅した解決のための教科書です。

これまで私は生徒指導の技術や方法に限った本を出したことはありません。あくまでわかりやすく現場の実情に立って説明する必要上、具体的な技術や方法を書いたことはありましたが、一番必要なことは「考え方」であると思い、そこに主要な力点をおいたものばかりです。

しかし、近年、若手や新任教師をとりまく事情が変わってきました。

「生徒指導がつく題名の本を何冊か読んでみましたが、具体的ではなく結局どうすればいいのかはよくわからず、ほとんど役に立ちませんでした」

「生徒指導がうまいと言われている先生の実践書を何冊も読んで、いざ似た問題が起きた時にやってみたのですが、結局これもうまくいきませんでした」

これでは今日の学校現場で毎日のように起こるトラブルに適切に対応することはできません。本来はトラブルに対応できる力をつけて教師になっていないといけないのです。

ところが専門が物理だった学生が教師になっても、専門分野は深く学んできていますが、「教育学」や「児童心理学」はそれほど深く学ぶことはありませんし、仮にそれらを学んだとしても、残念ながら学校現場ではほとんど役に立ちません。

しかも、これまでの人生で「子どものトラブル」や「いじめ」に対応したことがないのが普通ですから、経験したことのない事案に対応することになります。10年以上も前なら子どもも保護者も「若い先生だから」と、失敗や未熟な実践も大目にみてくれました。学校現場で先輩教師や親たちに支えてもらいながら教師として成長できたのです。

しかし、今や教師になったとたんに一人前として扱われます。民間企業ならば、新入社員に仕事や部署を完全に任せるようなことはありませんが、学校現場ではわずか1年で学級担任としてあらゆるトラブルの解決にあたることになります。

もはや現場教師は、あらゆるトラブルに対応できる「技術」や「方法」にも精通している必要がありますが、大学の「教職課程」では、それらを十分に学ぶことはありません。しかも教師になった時点で、そこそこの解決能力がないと厳しい学校現場では、多様な価値観をもつ子どもや保護者の願いに応えることもできないのが現実です。

そこで本書は、「技術」や「方法」に絞って書きました。ただし、単なる教育技術書やハウツー本ではありません。「考え方」に基づいた技術や方法を説いたものです。そうでなければ、同じ条件下で同じ問題は二度と起きないという生徒指導の世界では、役立たないからです。「考え方」に立脚した技術や方法は、多くのトラブルや場面に対応でき自分に合った技術や方法を身につけることができます。「考え方」のない技術や方法は、ただの真似であり、指導する教師や子ども、場面が違えば、ほぼ役に立たなくなるでしょう。この「考え方」を身につけることこそが解決する力をつける近道です。

もちろん、現場で何年か普通に教師を勤めれば生徒指導の技術や方法は、誰でも一定程度、身につけることはできます。しかし、今日の学校現場で起こる「トラブル」や「いじめ」などを解決する力量を、教師になってすぐに身につけるのはとても無理です。

みなさんの中には「技術」や「方法」は「理論」よりも下位のものという誤解をしている方はいないでしょうか。きっと大学の「教職課程」や現場の研修で、生徒指導には「積極的（開発的）生徒指導」と「消極的（問題対応型）生徒指導」があり、「積極的生徒指導」こそが本来の生徒指導であり、これからの生徒指導であると学んできたでしょう。

私はこの考え方に強い違和感をもっています。「積極的生徒指導」という言葉の意味をどんなに理解できても実践が伴わなければ意味がありません。２０２２（令和４）年12月に改訂された文部科学省の『生徒指導提要』では、生徒指導を２軸３類４層構造に分類し、さらに複雑化しました。

ここでは詳しく述べられませんが、あの下位とされる「消極的生徒指導」、つまり対応するための「技術」や「方法」をとことん追究することによって「考え方」に到達し、「積極的生徒指導」に近づくことができるのです（詳細は第3章2）。

本書から「技術」や「方法」はもちろん「考え方」を身につけ、「積極的生徒指導」ができるようになることを願っています。

本書は、生徒指導の知識がゼロであっても、経験がゼロであってもわかるように記述しました。そのため、微に入り細に入り、しつこいくらい繰り返す箇所もあります。経験のある教師や生徒指導を長年担当している教師には、少し煩わしさを感じると思いますが、読み飛ばすか実践の再確認や修正の参考にしていただければ幸いです。

第1章は「解決のための7つの鉄則」として、あらゆるトラブルの解決に至るまでの共通したプロセスを細かくたどっていますので、必ずお読みください。本書の対にあたる『事例編』では個別のトラブル対応について述べています。なお、私のこれまでの著作をお読みいただいた方には一部が重複する内容となりますが、本書の性格上必要であり別の視点も入れて書いてありますので、ご容赦ください。

また、詳しい説明が紙幅の都合でできないことについては、私の他の著作で補っていただきたく思い、文中の「手引き」で末尾に一括して案内してあります。

2023年4月　　吉田　順

生徒指導「トラブル対応」の教科書　プロセス編　もくじ

トラブル解決までのフローチャート

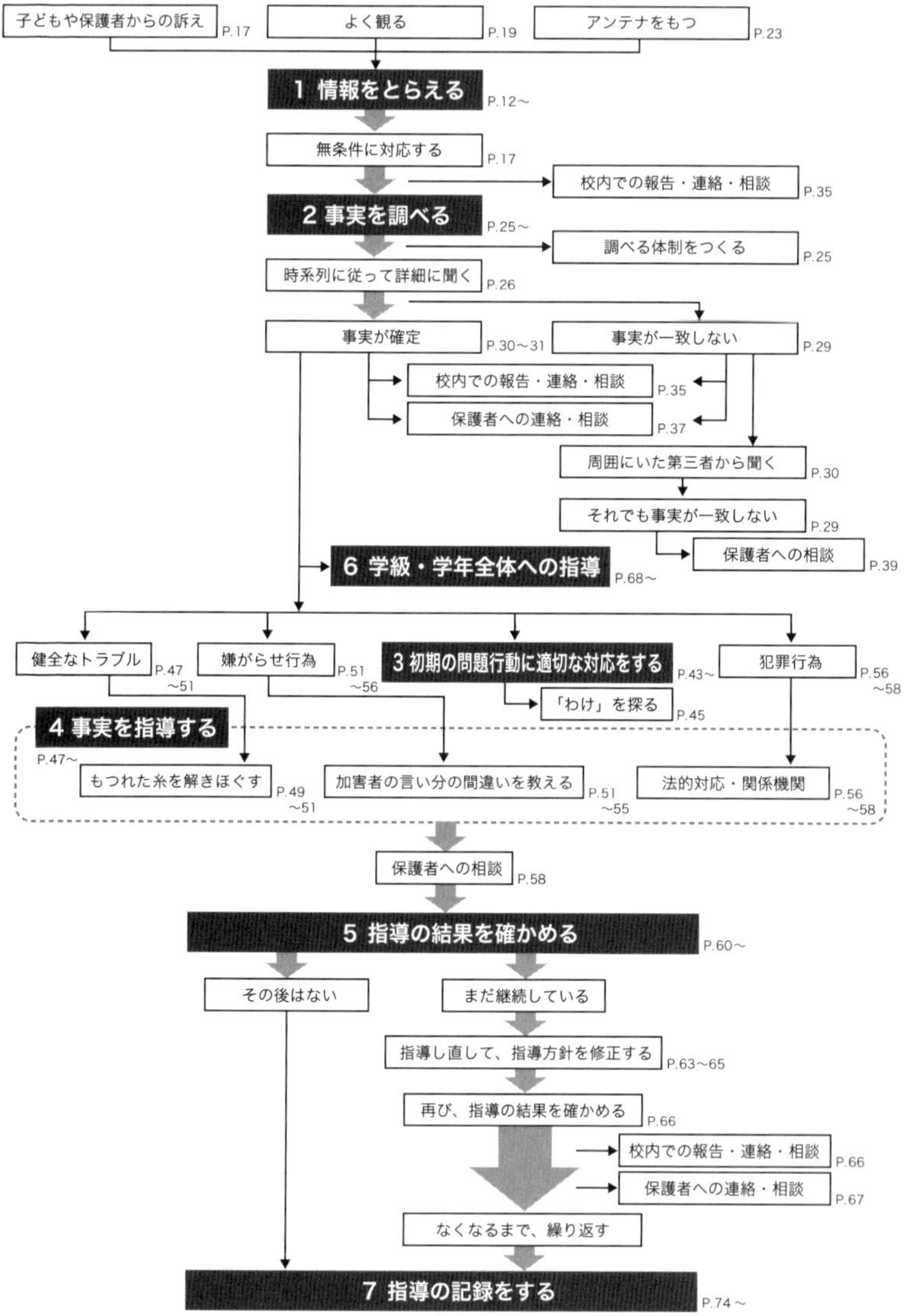
子どもや保護者からの訴え P.17
よく観る P.19
アンテナをもつ P.23
1 情報をとらえる P.12～
無条件に対応する P.17
校内での報告・連絡・相談 P.35
2 事実を調べる P.25～
調べる体制をつくる P.25
時系列に従って詳細に聞く P.26
事実が確定 P.30～31
事実が一致しない P.29
校内での報告・連絡・相談 P.35
保護者への連絡・相談 P.37
周囲にいた第三者から聞く P.30
それでも事実が一致しない P.29
保護者への相談 P.39
6 学級・学年全体への指導 P.68～
健全なトラブル P.47～51
嫌がらせ行為 P.51～56
3 初期の問題行動に適切な対応をする P.43～
「わけ」を探る P.45
犯罪行為 P.56～58
4 事実を指導する P.47～
もつれた糸を解きほぐす P.49～51
加害者の言い分の間違いを教える P.51～55
法的対応・関係機関 P.56～58
保護者への相談 P.58
5 指導の結果を確かめる P.60～
その後はない
まだ継続している
指導し直して、指導方針を修正する P.63～65
再び、指導の結果を確かめる P.66
校内での報告・連絡・相談 P.66
保護者への連絡・相談 P.67
なくなるまで、繰り返す
7 指導の記録をする P.74～

『生徒指導「トラブル対応」の教科書　プロセス編』の頁に対応しています。

第1章

解決のための7つの鉄則

トラブルを適切に解決するには、一定の手順があります。

その手順を間違えると思わぬことが起き、トラブルも解決しにくくなり、子どもや保護者からは信頼を失います。

解決に導く手順を7つの鉄則としてまとめました。

この手順は基本的にどんなトラブルの場合にも共通していますので、必ずお読みください。

第1鉄則

情報をとらえる

1.「トラブル」には〝健全な〟トラブルもある

いじめ問題などで学校が批判される時の一つに、「担任が情報を管理職に報告していなかった」「校内の組織で情報が共有されていなかった」などというのが大変多く、いじめ問題を解決する重要なキーポイントとされています。確かに起きた問題の情報をとらえるのは、生徒指導の第一歩ですから。

しかし、ちょっと待ってください。生徒指導上でいう情報とは、暴力、金品のたかり（恐喝）、金品の盗み、冷やかし、からかい、軽く叩いたり蹴ったりする、悪口や陰口、意地悪、仲間外し、無視、私物を隠す、私物への落書き、もめ事、いざこざなどの問題であり、通常、「問題行動」か「トラブル」として対応しているものです。

つまり学校現場では、この言葉の使い方には若干の違いがあり、認められない「問題行動」として指導するか、思春期にはよくある「トラブル」として指導するかに分けるのが普通です。例えば、〝暴力〟と〝いざこざ〟はどちらも指導の対象になりますが、同じ「問題行動」として同レベルで対応はしないのです。

「トラブル」という言葉は、日常生活では「ＳＮＳによるトラブルが起きた」「Ａ君とトラブルになった」などと否定的な意味で使われます。ところが、学校現場では必ずしも否定的なものではありません。この言葉には子どもが成長していくとき、特に思春期には誰もが経験する「健全なトラブル」も含まれているからです。

思春期の子どもたちの世界では冷やかしやからかい、悪口などというトラブルがつきものです。多分、読者のみなさんも小・中学生の時に、多少なりとも、したりされたりした経験があるはずです。こういうのは「健全なトラブル」といってもよく、思春期には必要なものです。昔は、小さい時にきょうだいや近所の遊び仲間の中で体験してきました。この体験があるから自分がその言動をした時に、相手にも生じていると思われる心が理解できるようになります。ですから、限度を見極めることもできるようになっていきます。

この「健全なトラブル」は、一定の人間関係のある者との間で起きることが多く、その関係が何らかの理由でこじれたり、軋轢が生じたりした結果起こるのが大半です。一方的に加害者であるとか一方的に被害者であったということは少なく、双方向的に起きていて調べてみたら「冷やかし合う」「からかい合う」ということが多いのです。この場合は「もつれた糸を解きほぐす」という作業が必要になります（↓「第4鉄則」2）。

2.「トラブル」「嫌がらせ行為」「犯罪行為」の違い

ところが、この「健全なトラブル」にみえるようなものも、ほとんど人間関係がなかったり力関係に差がある中で起きたりすると、相手に打撃（苦痛）を与えるためになされていますから、明らかな「嫌がらせ行為」となります。一方的にからかう、一方的に冷やかす、一方的に悪口を言うなどという関係になっているからです。いわゆる「いじめ」とはこのことを言います。また、仮に人間関係があったとしても力関係に差があって「嫌がらせ行為」に発展することもよくあります。ですから、「トラブル」は「問題行動」とは違って「些細なことなので厳しく指導する必要はない」「思春期特有のものだから子どもに解決を任せて教師は介入しないほうがいい」などという考えは間違いなのです。

また、暴力を受ける、金品をたかられる（恐喝）、金品が盗まれるなどというのは「犯罪行為」というべきです。注意すべきは、「トラブル」「嫌がらせ行為」「犯罪行為」は固定的なものではなく、単なるトラブルから嫌がらせ行為に発展したり、嫌がらせ行為から犯罪行為に発展したりすることです。

問題行動の違い

※いずれも指導すべきもの

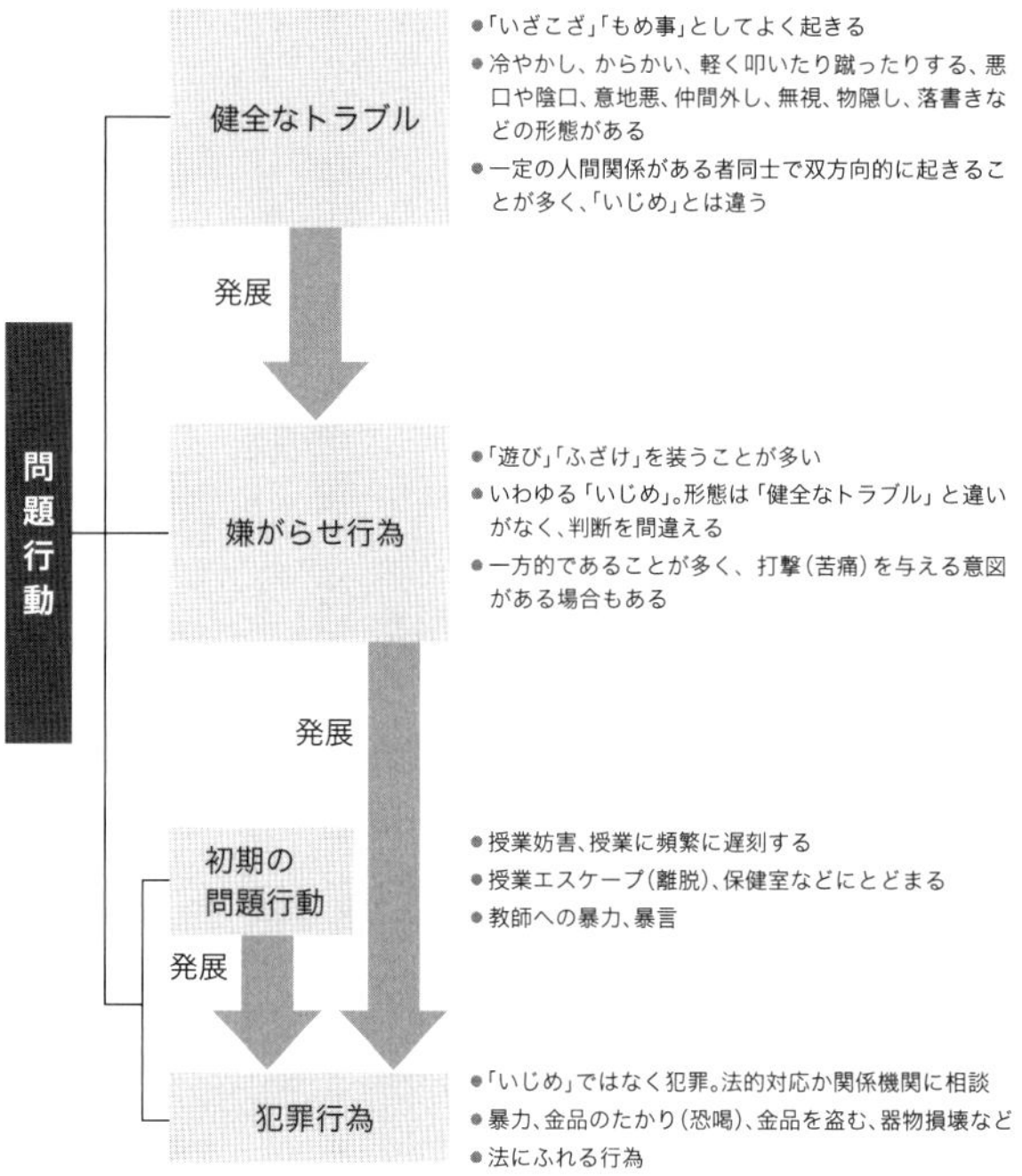
問題行動
健全なトラブル
●「いざこざ」「もめ事」としてよく起きる
●冷やかし、からかい、軽く叩いたり蹴ったりする、悪口や陰口、意地悪、仲間外し、無視、物隠し、落書きなどの形態がある
●一定の人間関係がある者同士で双方向的に起きることが多く、「いじめ」とは違う
発展
嫌がらせ行為
●「遊び」「ふざけ」を装うことが多い
●いわゆる「いじめ」。形態は「健全なトラブル」と違いがなく、判断を間違える
●一方的であることが多く、打撃（苦痛）を与える意図がある場合もある
発展
初期の問題行動
●授業妨害、授業に頻繁に遅刻する
●授業エスケープ（離脱）、保健室などにとどまる
●教師への暴力、暴言
発展
犯罪行為
●「いじめ」ではなく犯罪。法的対応か関係機関に相談
●暴力、金品のたかり（恐喝）、金品を盗む、器物損壊など
●法にふれる行為

例えば、いじめ事件でよく「ふざけてからかっただけだ」と主張する場合がありますが、人間関係のない相手をふざけてからかったり、また執拗に繰り返すならば「嫌がらせ行為」というべきです。

以上のように、「トラブル」「嫌がらせ行為」「犯罪行為」を区別する意味は、学校現場では毎日のように起きているにもかかわらず、「健全なトラブル」も問題行動として対応すれば、子どもたちは息苦しい学校生活を送ることになるからです。

冒頭の生徒指導上でいう「情報」には、「トラブル」はもちろん「健全なトラブル」も含まれます。なぜなら、このトラブルが健全であるか、嫌がらせ行為なのか、さらに一過性で終わりいじめに発展しないかなどということは、情報の初期の段階で見極めるのは至難の業だからです。つまり、「健全なトラブル」は問題行動とはいえませんが、初期の問題行動では見落としてはいけない報告・共有すべき重要な情報であるということです。

この「トラブル」を情報の初期の段階で「ただのからかいだと思った」「よくあるトラブルだと思った」として、指導を軽視したり事実上放置したりする例は「いじめ自殺事件」(→「手引き」①)で頻繁にみられます。

※なお、本書は「トラブル」を解決するための本ですが、学校現場では問題行動よりもトラブルという言葉を問題行動の総称として使用する場合が多く、また「嫌がらせ行為」も「犯罪行為」

も最初は「トラブル」を装うことが多いので、この「嫌がらせ行為」や「犯罪行為」も含めて対応を記述します。必要に応じて「嫌がらせ行為」や「犯罪行為」「トラブル」「問題行動」という言葉も使用します。

3. 起きた事実に無条件に対応しないと、重要な情報かどうかは誰にもわからない

トラブルの情報は集めようとしない限り集まらないし、たとえ訴えや相談があってもそこで得た情報を教師の考えで、貴重な情報とはみなされず見過ごすこともあります。さらに、「知りたくない。知ったら指導しなければならないので、大変だ」という心理も働くといよいよ情報を軽視してしまいます。つまり、教師が「情報」としてとらえるのは、荒れている学級や学校では案外と難しいのです。通常、情報としてとらえられるようになるのは、担任を数年はやらなければだめですし、しかもこれは最低限の能力と言わざるを得ません。

読者のみなさんの中には、「それは少し言い過ぎではないか、訴えや相談で得た情報まで見過ごしたり、貴重な情報とみなさなかったりしてしまうことはないだろう」とお思いの方もいるに違いありません。

しかし、これはとてもよく起きていることなのです。

例えば、「いじめ自殺事件」で典型的にみられる先の弁明の「ただのからかいだと思った」「よくあるトラブルだと思った」などというとらえ方は、情報の区別の難しさを示しています。そのため重要な報告すべき「情報」だとは思わなかったから、報告も連絡もしなかったり、訴えや相談の内容を真剣に取り上げなかったりすることになります。教師からすれば隠すつもりはなかったのです。

では、どうすべきなのでしょうか。簡潔に言えば、その限られた情報だけで情報の価値を決めてはいけないということです。通常、はじめは被害者からの訴えや相談から始まることが多いのですが、その結果死に至った事件は例外なく「ただの……」「よくある……」「一過性の……」「軽微な……」などと価値の低いものとしてきちんと対応していません。起きた事実に無条件に取り組み、きちんと対応するということです。きちんと対応するという意味は、まず被害者から聞き取り、事実を正確につかむことです（↓「第2鉄則」）。

つまり、情報をはじめに「重大だ、軽微なものだ」などと判断することは不要であり、まず無条件に対応し事実を調べてから判断することだったのです。

しかし、これでは毎日何かが起きる私の学級では、いくら時間があっても足りないから、やはりある程度区別して軽重をつけて対応せざるを得ないのではないか、と思う人もいるでしょう。でも、心配はありません。丁寧な対応を積み重ねてから判断するという経験を積み重ねると、やがて対応していく中で割と早い段階に「これは軽微なものだ」「一過性だろう」などとかなり正確な判断ができるようになります。この経験をさほど積み重ねもせずに安易な道をたどるとその眼力も養われず、きちんとした対応も学べず生徒指導の力はいつまでも身につきません。

もし、放課後の会議や事務仕事でそんなゆとりがないというなら、それは本末転倒であり、子どもの安心・安全が保障されていない学校はもはや学校とはいえません。

どんな情報でも報告できる雰囲気と体制をつくり、対応すべき情報を選択するのではなく、全てのことに対応することは生徒指導体制を築く時不可欠なことであり第一歩です。

4. 情報の集め方の基本は〝よく観る〟

生徒指導というのはとにかく情報が集まらなくては話になりません。よく校内で情報が共有されていなかったという指摘がされます。管理職も学年主任も知らなかったというのはよくある話です。この原因は何でしょうか。

一つは、報告すべき重要な「情報」とは思わなかったからと想像できます。

二つ目の原因としては、他の先生たちにわからないうちに解決して終わらせようとしたためと考えられます。報告しなかった者にももちろん責任はあるのですが、報告をすると「ダメな教師とみなされるのではないか」、という危惧を抱いてしまう雰囲気が教師間にあったり、日常的に他の教師の些細な失敗を非難したり、陰口が横行していたりする学校では情報は隠されます。生徒指導は小さな失敗を繰り返して大きな失敗をしなくなるものであり、小さな失敗もなく対応力をつけることなど、この世界ではあり得ません。

3つ目の原因は情報を提供しても何の見返りもない場合です。情報の提供には手間暇がかかるのに、時間の無駄になるか繁雑になるだけなら、情報を出す意味はありません。管理職や学年主任や生徒指導の係は、情報をもらったら適切な助言をするとか、困難な対応には一緒に対応するなどの援助をしなければいけません。すると、提供者は「報告して良かった」「報告をしたおかげで、1人で対応せずに心細くなかった」などという〝得をした〟という体験ができ、次からも報告するようになり、また自分も他の教師に同様の援助をするようになります。管理職とか指導部は報告がなかったと批判する前に、報告をしたくなるような援助をしていたかが問われるのです。

さて、以上は情報の集まり方ですが、次は集め方です。担任なら自分の学級の情報が集まるのを待っていては話になりませんから、自らが集める力を養うことです。子どもの心の中はのぞけませんので、集め方を身につけないとだめなのです。

自らの眼と耳を使って「よく観る」ことです。受動的な「見る」ではなく能動的な「観る」です（→「手引き」②）。

一例を示します。保健室通いの生徒は、どの学校にも何人もいて生徒指導の課題になっている学校が多いです。この保健室通いから授業エスケープや校内徘徊につながることがあり、学校現場では重要課題となっています。例えば、ある先生がこのことで困っているとします。的確な方針があればいいのですが、そう簡単ではありません。保健室に通う生徒の事情が一人ひとりみな違うからです。その情報を知るには担任や当該学年の先生たち自らが、「よく観る」ということをしなければいけません。

的確な方針を見つけるために、自らが観たり聞いたり感じ取ったりすることです。半日ほど担任や生徒指導の係の先生がその学級を観察します。保健室によく通うA君をよく観ます。保健室で体調不良を訴えたらそれからどうしているのでしょうか。養護教諭に訴えたら、その後は本当に具合が悪く寝ていたとか、元気だったとか、いた生徒たちと一緒に談笑していたとか、その後の言動に注目します。保健室通いが何度も続くのであれば、病院で診てもらうことを保護者と相談します。本人がウソを言っていても構いません。「ウソを言ってはいけない」などと指導せず、心配していることを前面に出して保護者と相談します。もし病気でないならば、教室にいたくない「わけ」があるということになります。

その「わけ」を探します（これについては、「第3鉄則」、姉妹本の「事例編」第1章①、「手引き」③などで詳しく述べています）。

B君は特定の教科になると保健室に行きたがります。それならば学習内容がわからず授業を避けているのか、教科担任の先生との人間関係が悪く授業に出られないのか、本人とそのことを相談しなければなりません。

授業によく遅刻して来るCさんを観察します。すると、いつも休み時間は教室から離れた所で過ごし、チャイムが鳴ってから教室に向かうので、よく遅刻をすることがわかりました。おそらく、学級での人間関係にトラブルがあって休み時間は教室から逃げているのでしょう。さっそく、人間関係の状況を調べます。本人や本人と少しでも友達関係のある子たちから聞き取ります。

やはり授業によく遅刻して来るDさんがいます。Dさんは必ず友人のEさんと休み時間は一緒です。トイレも一緒というよくあるパターンです。その結果、Dさんが遅刻するとEさんも遅刻します。お互いに人間関係の破綻を恐れて、「もう、チャイムが鳴るからまたね」と言えない関係なのかもしれません。

よく観ると、子どもの問題行動の「わけ（原因や理由）」にたどりつくことができることが多いのです。その「わけ」も一人ひとり違いますから、まずよく観て詳しい情報を集めるという作業が最初です。でも、まだ的確な方針はできません。よく観て「根っこ」を見つけなければいけないからです（↓「事例編」第1章⑧⑩⑪、「手引き」④）。

「よく観る」ことの重要性は、もう一つあります。他人の眼と耳を通した情報を聞いても、臨場感はなかなか得られませんから、ことの重大性や緊急性を感じ取れないことがあります。

5. 情報を得るアンテナをたくさんもつ

「よく観る」などというのは、子どもを把握できる授業中や校内でのことで、放課後や校外では無理な話です。そのためには情報を得るための様々なアンテナを張りめぐらせることです。すぐにできるのは、心配な生徒の友人から聞いたり、部活動などの部員から聞いたり、本人の保護者から様子を聞いたりすることです。必ず何か情報はあるでしょう。

さらに教師間の日常の会話の中でも得られます。むしろ、ここで得られた情報のほうが子どもの本当の姿を示している場合さえあります。

例えば、放課後の職員室での何気ない会話で、ある教科担任が授業中のA君のことをほめたとします。担任からすると「A君にはそんな面があったのか」と意外な情報だったりすることがあります。その逆もあり驚くこともあるでしょう。その教科担任が見たA君ですが、それもA君の真実の姿です。担任の先生に示す姿と別の先生に示す姿が違ったりするのは大人にもあることです。大人も会社での姿と家での父親としての姿はむしろ違うことが多いでしょう。生徒理解の一助になるはずです。

近年、学校は多忙になりコロナ禍もあって、このような井戸端会議のできる環境はますます減ってきたようです。私の若い頃は部活動も終了し子どもたちを下校させると、この一見無駄に見える井戸端会議があり、生徒指導や学級経営のノウハウはほとんどここで学んだようなものです。かしこまった研究会や研修会を否定するつもりはありませんが、特に私が学んだ生徒指導はこの３つの無駄から学んだものばかりです。

この井戸端会議は、３つの無駄がないとできません。時間・空間・世間話の３つの間です。これを私は３Ｋ（→「手引き」⑤）と名付けていますが、ここで得られる情報は先生たちの本音の表れた貴重な情報です。正式な会合では「この場でこんなことを言ってもいいのかな。こういう場では控えておこう」などとなり、本音は言いづらいからです。

今、３Ｋがなく放課後は事務仕事や会合で効率よく埋め尽くされているのが、とても残念でなりません。

第2鉄則

事実を調べる

1. まず調べる体制をつくる

通常は被害者（と思われる）から聞きます。その場合は、決して加害者（と思われる）には知られないように聞かなければなりません。被害者が担任に訴えや相談をしたことを知ると、事実を隠すために先回りして本人や見ていた周辺の子たちにウソの事実を強要するなどということを防ぐためです。生徒指導とはそんなに子どもを疑ってかかるものなのか、と嫌悪感を抱いてしまいますが、残念ながらよく起きていることです。逆に考えると、そのような事実隠しに対応できないようでは、とても「いじめ問題」などには対応できません。

もし、加害者が複数いるならば、その人数分の教師と場所が必要になります。のんびりと事実を調べている間に、仲間と口裏合わせのできる時間を与えてしまうことになるからです。当然、放課後だけでは時間不足などということもあり、どうしても日をまたぐ場合もあります。こういう時には最低限の加害事実だけは明確にしておきたいものです。

もちろん、帰りが遅くなる時には加害者の保護者の了解をもらうために、事実または事実の疑いをきちんと話します。人数が多ければ時間もかかります。加害者の保護者には加害事実（またはその疑い）を伝えるのですから、保護者としては穏やかな心境ではありません。丁寧な対応（事実ではないかもしれないので、決めつけない。あくまで疑いがあるから事実を知りたいなどと説明）が必要で、この段階で今度は保護者とトラブルになる例もあります。

このように起きたトラブルの内容にもよりますが、相当な体制を組むことが必要であり、内容によっては体制や計画をまずつくってから対応をしなければ、後悔することになるでしょう。

2. 時系列に沿って、可能な限り詳細に聞く

コツは時系列に沿って聞くことですが、これは複雑なトラブルであればあるほど、その因果関係を明らかにする時には必要になってきますので、面倒でも起きた事実の順序を中心に聞きます。複雑なトラブルかどうかは聞いてからわかることですから、はじめから時

系列に沿っていくのが効率的です。

例えば、「いつ」「何時間目の休み時間」「どこで」「何をされたか」「なぜ、そうなったと思うか（理由）」「周りにいた生徒は」「そのトラブル後はどうした」などを聞いておきます。これがこの段階での最低限の情報となります。

もし、「なぜ、そうなったと思うか（理由）」という問いに対して例えば「前日、廊下ですれ違った時に、あることを言われたので言い返した」などという〝伏線〟があれば、今度はそこを中心にさらに遡って聞きます。子どものトラブルというのは、前後関係が全くないのに突然起きるということは滅多にないですから、この伏線は事実関係を明確にするためには重要です。さらに、伏線になっている何日か前の出来事を勘違いしていたり、勝手な思い込みだったりなどという伏線の伏線があったりして、子どもの世界はゴタゴタしているのはよくあることです。ここを詳細に聞いておかなければ、結局、加害者から事実を確認する段階で、その伏線が出てくると再度被害者からも聞くことになりますので、効率的ではありません。

また、必ず被害者に確認をしておかなければいけないのは、この被害事実を加害者と思われる子にA君（被害者）からの訴えがあったことを言ってもいいかどうかを確認しておくことです。仕返しを恐れる場合もあれば、もう少し穏便に解決したいから大げさにしたくないという場合もあります。この場合、被害者本人の意向は守らなければいけません。相手から聞く方法はいろいろあります。「先生がこの間休み時間に気づいたのだけれど、もしかして君はA君にこういうことをしていませんか」「A君の友達から聞いたのだけれど」「A君のお母さんから連絡があったのだけど、A君は最近こんなことをお母さんに言っているらしいよ」などと被害者本人以外のルートからの情報であることを強調します。

この事実調べの作業をしている時の教師は、まるで警察官か検事のような仕事を想像してしまいます。しかし、事実を特定しない限り指導はできません。

いよいよ次に加害者とされている子から聞き取ります。

この段階で、加害者に「君は廊下で言い返されただけで怒ったのか！」などと叱ってはいけません。まだ何も事実を確かめていないのですから、決めつけてはいけません。加害者には加害者なりの言い分がありますから、その言い分をまず聞いてあげることです。

教師はこの段階では淡々と事実の確定に徹することで、指導はもっと後です。また、加害者と被害者の感情は排除して事実の確定に徹します。もちろん、双方の怒りや悲しみに同意・共感してもいいですが、あくまでまだ事実が確定していないのですから、「もし、それが事実なら君が怒るのはわかるよ」と言う程度でしょう。

また、この事実調べの段階では「また君か」「あの子はウソが多いからね」などという決めつけの言葉は禁句です。

3. 事実が一致しない時

起きたトラブルを双方に確かめて、一度で一致したというケースを私はほとんど経験したことはありません。重大な加害事実であればあるほど、加害者と思われる子はできるだけ小さくみせようとしますからウソが多くなります。被害者の子の言い分にもウソが入り交じることもありますから厄介です。また、ウソを言っているのではなく聞き間違いなどの勘違いや思い込みのため、本人はウソを言っているつもりのない場合もありますから、さらに複雑です。それこそ防犯カメラがあればなと思ったことさえありました。

何度か被害者と加害者を往復し、一致した事実を調べようとしても一致しない時は、新しい事実が出てきたとか、加害者に心境の変化でもなければもはや一致しないでしょう。さらに、何日もかけるわけにはいきません。加害者からすれば、何日にもわたって疑われ続けているわけですから、保護者も穏やかではありません。通常、その日のうちか数日以内には結論を出さなければいけません。

その場合は次のように終わらせるしかありません。「事実が一致しないので、今回はこれで終了にせざるを得ませんが、今後の２人の様子を見ていきますから、何かあれば相談してください」「2人ともとてもウソを言っているとは思えませんが、一致しない以上はこれで終わりにします」などと、学校側はあくまで加害者（と思われる）の様子はしばらくの間は見ていないといけません。

ただし、その後の2人の様子や特に加害者（と思われる）の様子はしばらくの間は見ていないといけません。

もし、仮にウソを言っていたとしても、通常、加害者の言動は抑制されるか、逆にもっと巧妙に陰で実行されることもありますから、双方の保護者には事実が確定できなかったことや、その後の学校側の方針をきちんと伝えておくことが重要です。特に被害者（と思われる）の保護者には常日頃から様子を見たり、聞いたりすることを頼んでおきます。

4. 周囲にいた子（第三者）から聞く

トラブルによっては、どうしても事実を確定しなければいけないものもあります。例えば、執拗で陰湿な「嫌がらせ行為」が繰り返された、前回は事実が一致しなかったので、やむを得ず終わりにしたが、どうも続いているようだ、などという場合にはできるだけ事実を確定する必要があります。この場合にはトラブルの現場を見ていた子（第三者）から聞くことになりますから、それ相応の体制がないとできません。そもそも、この段階で目撃者を捜すなどというのは既に対応が遅く、もし教師がトラブルの現場を見つけたり、本人から訴えがあった時にそれを見ていた子が、いなかったかどうかを同時に確認しておくくらいの用意周到さがないといけないのです。

ここでも加害者（と思われる）が周囲にいた子にウソの証言を強要することもありますから、とても時間のかかる対応になります。

また、起きたトラブルが「犯罪行為」であれば警察に協力を求めることも必要であり、このことに躊躇してはいけません（→「第4鉄則」6）。

いよいよ、警察に協力を求めたり、警察まがいのことをしたりするわけですから、このようなトラブルに対応した経験がゼロの教師に、ミスの少ない対応をはじめから求めることは無理です。学年主任、生徒指導部などと相談しながら、援助を受けて対応しなければいけません。

5. ようやく「健全なトラブル」なのか、「嫌がらせ行為」なのか、「犯罪行為」なのかがわかる

ところで、トラブルには「健全なトラブル」「嫌がらせ行為」（いわゆる「いじめ」）「犯罪行為」（→「第1鉄則」）があることは既に述べましたが、事実を調べて確定する作業をしている時にようやくわかることなのです。つまり、事実を確定する前にはわからないと

いうことです。

ところが、最近の「いじめ自殺事件」でのマスコミの論調や評論家・研究者のコメントで、私は大変気になることがあります。一つは「なぜ、ただのトラブルだと思って、いじめと判断できなかったのか」という「いじめの正確な認知」にかかわる批判です。もう一つは「なぜ、情報が共有できなかったのか」という指導体制にかかわる批判です。あたかも、いじめと判断できれば、また情報共有さえできればこの事件は起きなかったかのような錯覚を与えます。ところが、しっかりと事実を確定する作業があってはじめてどんなトラブルかがわかるのに、いかにも「いじめ」と判断して対応しなかったことが問題にされてしまっているのです。そのため、またも再発防止策は「いじめの研修会」を開いて、いじめの定義を学び、指導体制を見直すという、いじめ事件が社会問題になるたびに繰り返してきた防止策です。マスコミは「これほど社会問題に何度もなっているのに、教師はなぜ同じ過ちを繰り返すのか」とヒステリックに叫ぶことになります。

しかし、このような批判は学校現場に「いじめの研修会」を増やすだけで、ほとんど再発防止にはなりません。なぜなら、「いじめ問題」に適切な対応ができなかった学校は、いじめへの対応が適切でなかったのではなく、起きた事実への対応が適切ではなかったと考えるべきだからです。どういうことかというと、〝いじめへの対応が適切でなかった〟と考えるから、当然、いじめとなぜ判断しなかったのかが問われます。むしろ、〝起きた事実への対応が適切ではなかった〟と考えるべきで、この場合は生徒指導のトラブルの対応力こそが問われることになります。簡潔に言い換えると、「ただのトラブルだと思った」のなら、このただのトラブルに対応すればよかったということです。「ただのトラブル」に対応できなかった学校が、仮に「いじめ」と判断しても適切に対応できるはずがありません。

6. 東京都町田市の小学6年生女児のいじめ自殺

実際の「いじめ自殺事件」で例を示しましょう。２０２０年11月に町田市の小学校6年生が「孤独が一番嫌だ」といじめを訴える遺書を残して自殺しました。報道によると、自殺の２カ月前のアンケートに友人関係の悩みを記述したことから、いじめの兆候を把握し「当事者同士で話し合う場が設けられた」そうです。その後のアンケートでは心身の苦痛を感じている記述が見られなかったことから、「問題は解消しているととらえた」（市教委の答弁）ということです。さらに、女児が抱えていた人間関係の悩み（トラブル）や学校の対応は、女児が自殺した後になって、学校側から家庭に伝えられたそうです（以上は、「読売新聞」「ＮＨＫ ＷＥＢニュース」より）。

この学校側の対応は私の経験上では、あり得ない対応です。当事者同士の話し合いは原則的にはやってはいけません。これは事実が確定し解決した場合に双方が理解し合うために設けることはありますが、解決の場として設けると、その場に教師が立ち会っていようがいまいが、力関係が上の者の言い分が優位になりますから、この段階ではやってはいけなかったのです。二つ目の間違いは、その後のアンケートで心身の苦痛を感じている〝記述〟がないから問題は解消されたと判断したことです。トラブルや嫌がらせ行為というのは繰り返すのが特徴ですから、指導がうまくいっているかどうかは教師自らの眼と耳で確かめることが不可欠です。指導の結果を小学6年生が文章で書いたものだけを見て、判断したのではとても正確な判断はできません（↓「第5鉄則」）。さらに決定的な間違いは、女児が抱えた人間関係の悩みや学校の対応を保護者に伝えていなかったことです。伝えていれば保護者による支えもあり、この事件が起きなかった可能性が高いのです。

もし、この学校が「いじめの判断」をしていれば正しく対応できたのでしょうか。そもそもこの学校は少なくともいじめの〝兆候〟としてはとらえていたようですが、トラブルの対応力そのものがない学校が、いじめと正しく判断できても残念ながら防げなかったと思われます。私がいじめ問題をめぐって盛んに繰り返される、マスコミの論調や評論家・研究者のコメントに感じる違和感はこれです。

批判されるべきことは、いじめの正しい判断力ではなく対応力なのです。いわゆる「いじめ」なのかどうかは、事実を確定していく中で結果としてわかればいいことであって、事実が確定できれば自ずと解決方法はみえるわけです。「いじめかどうか」にこだわり、「ただのトラブル」と判断して重大事態を招いた事件は何と多いことでしょうか。「いじめかどうか」は現場では不要なことであり、起きた事実に対応できる力、つまりトラブルの解決力を高めることのほうが重要なのです（↓（「手引き」①）。

7. 何をどこまで報告・連絡・相談するのか

さてここまでが事実を調べて確定していくまでの対応の流れですが、ここで起きたことをどの時点で誰にどう報告・連絡・相談をするかについてまとめておきます。「情報の共有」は生徒指導には欠かせられないことですから、熟知しておくことです。いわゆる「報連相（ほうれんそう）」です。

起きたことを管理職・学年主任などに伝えるのが報告、所属している学年の先生たちや生徒指導部に伝えるのが連絡、そして報告・連絡した相手からアドバイスをもらうのが相談と思ってください。もちろん、それ以外の教師に報告しても、いきなり相談しても構いませんが、最低限の必要な「報連相」と考えてください。

自分の学級で、あるトラブルが起きたとします。若い担任なら誰もが迷うのは、このトラブルは管理職・学年主任などに報告すべきことなのかという迷いです。これについては既に第1鉄則の「起きた事実に無条件に対応しないと、重要な情報かどうかは誰もわからない」で述べましたから繰り返しませんが、学年主任や学年の生徒指導の係に伝えて相談すればいいのです。いずれある程度の経験を積めば、必ず報告すべきもの、所属している学年の先生たちや生徒指導部に伝えるもの、対応して結果だけを伝える程度のものなどの区別はできるようになるでしょう。

また、この「報連相」の体制というのは学校によってかなり違いがあります。毎週1回は各学年の生徒指導部の先生たちが集まって、簡単に報告し合い指導結果を確認する会合を設定してあったり、毎週1回各学年の主任と管理職が集まった会合が設定してあったり、様々ですから自分が報告した情報が、どのようなルートでどんな会合で検討されるのかは事前に把握しておく必要があります。もし、ただ報告するだけでアドバイスも援助もないなら、相談できる先生や頼りになる先生を見つけなければ、若い教師や経験のない教師の場合はいつまでも生徒指導への対応力は身につきません。

もし、トラブルの内容が「嫌がらせ行為」や「犯罪行為」ならば、その日のうちに管理職・学年主任・生徒指導部に報告しその後の対応の確認をします。特に「嫌がらせ行為」の一部と「犯罪行為」は警察の協力を求めたり法的対応をしたりすることがありますからなおさらです（➡「第4鉄則」6の〝犯罪行為の場合〟）。

担任ではない場合にトラブルを見たり聞いたりした場合は、まず担任に連絡します。もちろん、直接発見した場合にはその場で指導し、指導した内容も含めて担任に連絡すればいいでしょう。この場合、加害者（と思われる）との人間関係がないなら、その場の指導には限界があって当然です。

指導の結果は学年主任・生徒指導部に定期的に報告しておくことも必要です。例えば、「その後はありません」「その後もまだありましたが、その都度指導し、少しずつ減ってきました」などと。

8. 双方の保護者への連絡や相談

先の町田市の自殺事件がそうであったように、被害者の保護者に連絡も相談もしていなかったというのは、「報連相」のどこかの段階で誰も指摘しなかったのだろうかという疑問を感じます。これはトラブルに対応する際の基本中の基本ですから、どのような生徒指導方針をもった学校なのかとても疑問です。同様なことは、2021年2月に山形県酒田市で起きた中学1年生の自殺事件でも、下駄箱に「死ね」「キモい」などと書かれた紙を3、4回入れられたことや、教育相談でいじめを受けたことを書き込んでいたりしていたことたらしが死後に保護者に伝えられていました。また、学校側はもう一度あったら保護者に連絡しようと指導していたということです。校長にまで報告され、校内では共有されていたらしいです（2021年9月20日「山形放送」）。

加害者や被害者の保護者への連絡や相談もしないケースで考えられるのは、「この程度のことで保護者を煩わさないほうがいいのでは」「この程度のことだから解決できなければ、担任として恥ずかしい」と思ってしまうことがあります。そして「1回目だから、今回はやめておこう」と考えてしまうわけです。この種のトラブルは初期の段階で指導しておくことが肝要で、対応を間違えて保護者に〝内密〟に処理すると、うまくいかなかった場合には、死に至ることもあることを肝に銘じておくべきです。

「この程度のこと」という判断に何の根拠もありませんし、よくあるのは被害者自身から「今回は親には言わないで。もう大丈夫だから」と頼まれることがありますが、これを認めてはいけませんし、ましてや加害者から「二度としませんから、親には言わないで」などと懇願される時すらありますが、決して合意してはいけません。おそらく教師には子どもとの人間関係を壊したくないという意識がはたらくのだと思いますが、「ただのトラブル」と思っていたがやがていじめ自殺事件に発展していったことは実にたくさんあります。既に述べてきたように「実はただのトラブルではなかった」「最初はただのトラブルだったが、一方的な嫌がらせ行為に発展した」などということがあるからです。この場合に、子どもの了解は不要で教師側の判断で連絡や相談をすればいいのです。

保護者に報告・連絡をするタイミングは、一般的には事実を調べている段階か（下校時間が遅くなったり、日をまたぐ場合）、事実を確認できた段階で双方の保護者に連絡し相談します。コツは絶対に電話で報告して終わらせてはいけません。電話は相手の顔が見えませんから、納得してくれたのか、事実や対応に疑問をもっているのか全くわかりません。人の本音や本心は相手の表情や言葉の抑揚や仕草など言外のことによく表れるので、目をきちんと合わせて、対面で話さなければ保護者の理解は得られません。もちろん、何でも対面でする必要はなく、節目節目の重要なことは対面で、簡単な報告や連絡であれば電話でも構いません。また、対面の場合には加害者も被害者も家庭訪問を鉄則とし、時間は保護者の都合に合わせるべきです。

次の報告・連絡をするタイミングは、事実の指導をした時です。

9．事実が一致しなかった時の報告

どうしても一致しなかった時はどうすればいいでしょうか。これは電話などで簡単に済ませてはいけません。加害者（と思われる）の保護者は「疑われた」という思いをもっているかもしれませんし、被害者（と思われる）の保護者は「学校はきちんと調べたのだろうか」「また起きるのではないだろうか」などと不信感をいだいたり、不安をもったりしているかもしれません。

この段階では学校側は、あくまでも推測で決めつけるようなことを言ってはいけません。一致しなかったのですから、被害者の言う事実は、確認できなかったという立場で対応するべきです。経験上間違いなく加害者がウソを言っているのではと思っても、あくまでわからなかったという立場を貫きます。実際、加害者の言っていたことがウソではなかったということがあります。被害者の保護者には、事実調べの経過の概略を伝えてわかってもらうしかありませんが、学校側がそれなりの時間をかけて調べたことがわかれば、通常は納得してもらえるものです。

また、指導はこれで終わりでなく、被害者の保護者にはその後も見守っていくことを伝え、今後は保護者の協力をもらい、その後の学校の様子を伝えたり家庭での様子を伝えてもらいます。また加害者の保護者にも同様に今後の様子を見ていくことを伝えます。

10. 保護者には複数で対応することを鉄則にする

若い担任が30代後半か40代半ばの保護者に説明したり説得したり、時には子育てについて助言したりするのは大変難しいもので、同じことを言ってもベテランの教師が言うと、心にすとんと落ちても若い担任ならそう簡単にはいきません。

若い担任なら保護者にわかってもらえるだろうかと、不安を抱えて家庭訪問などをすることになります。こういう時には学年主任かベテラン教師か生徒指導部などが、誰か同行して対応しなければいけません。1対1よりも1対2～3なら、例えば、担任が話している間に保護者の表情などから納得の度合いを知り、担任の説明を補足する余裕もできます。若い担任が生徒指導の力をつける経験の場にもなります。

ベテラン教師にはこういう場に自分以外の者が居合わせることを嫌う人もいますが、これではベテランとは名ばかりです。

もちろん、事前に十分な打ち合わせをして臨むことです。

11. 保護者には報告でも連絡でもなく相談

最後によく「ほうれんそう」(「報連相」)と言われますが、もともとはビジネス用語ですから、仕事の進捗状況を上司に報告したり相談したりする、それを自分の仕事にかかわっているグループに連絡するというような意味なのでしょうが、これを学校現場に機械的に適用してはいけません。生徒指導の世界ではむしろこの報告も連絡も相談もバラバラにするわけではありません。報告すべきほどの問題を学校長に伝える時に、本当に報告で終わらせないでしょう。必ず「こういうことがあったので、こう考えますからこうしたいと思いますが、どうでしょう」と対応策も報告し、学校長も意見を言うはずです。つまり、ほぼ相談です。事実上、学校現場には報告や連絡だけでは意味がありません。〝相談〟としなければ若い教師に誤解を与えてしまうでしょう。

同様に保護者に何かトラブルを連絡する時に、トラブルをただ連絡する教師はいません。複雑なものであれば余計に「このようにしたいと思います」と今後の方針まで伝えるでしょう。つまり、事実上の相談であり、結局はじめから対面にしたほうがよくなります。報告・連絡が先にあるため、相談は理解が得られないこじれた時にするものだとか、内容によってはただの連絡でいいものもあるという誤解を招いてしまうのです。むしろ、報告・連絡・相談は一体のものと考えるべきです。

老婆心ながら、放課後早く加害者の保護者に来てもらいたい時に、よく勤務先に昼頃に連絡して面談を設定する教師がいますが、これはやめたほうがいいです。連絡して何時間も後に来てもらうことになれば、その間の保護者の心境を想像すればわかるはずです。「いったい、わが子は何をやってしまったのだろう」と仕事も手につかず不安に襲われるでしょう。こういうことにも神経を使わなければ、保護者の信頼は得られません。

第3鉄則

〝初期の問題行動〟に適切な対応をする

1．学年・学校全体で取り組むべき問題行動

ここまでお読みになった方は、子どもの起こす問題というのは「健全なトラブル」「嫌がらせ行為」「犯罪行為」のいずれにも属さない問題があることに当然気づいていると思います。それらは主として子ども同士の間で起きるのがほとんどですが、例えば「授業妨害」や「授業エスケープ」（地域によっては、授業抜け出し・授業離脱などと様々な名称ですが）などは、子ども間で起きるわけではありませんが、先の3つ以上に見過ごすことのできない重大な問題です。

ところが、子どもの起こすトラブルや問題というのはそれが初期の場合には、やがて重大なことに発展するのか、一過性で終わるのかは区別できません。もし、重大なことに発展してしまうならば、担任だけでなく学年全体、場合によっては学校全体で取り組まなけ

ればいけません。その場合にも、この第1章の7つの「鉄則」が重要であることに変わりはありませんが、第4鉄則にある「事実を指導する」などといっても簡単には指導できるものではありません。

例えば、中学校には〝頻繁に保健室に通う〟子どもたちがいます。厄介なのは、健康上の理由ではなく、授業に出たくないから保健室を溜まり場にする場合です。時にはそのような理由で溜まった子どもたちが、遊び場にしてしまったり、保健室が無法化することさえ少なくありません。子どもはちゃんと口実をつくります。「頭が痛い」「体がだるい」「何となく気分が悪い」などと。そのため教師は判断に迷います。本当に頭が痛いかもしれないのに、ウソだろうとは言えません。しかし、何度も続けば口実だとわかります。

このような場合、どのように対応すべきでしょうか。もちろん「健全なトラブル」とはいえません。保健室に通うこと自体は「嫌がらせ行為」でもありません。「犯罪行為」とはとてもいえません。つまり、いずれにも属さない問題行動というのがあるのです。しかも、放置したり対応を間違えたりすると、大きな荒れに直結します。

このような大きな荒れに発展するかもしれない問題行動を「初期の問題行動」と呼んでおきます。「初期の問題行動」を本当に初期で終わらせるためには、根本的な対応が必要です。この対応は若い経験の少ない教師にはとても難しく、学年の問題として扱わなければいけません。この数回の保健室通いのとき、つまり〝初期〟を見逃さずに、「わけ」を探る取組をします（→「手引き」③）。

2.「わけ」を探る

対応を間違えると重大な問題に発展し、「荒れる学校（学級）」につながる初期の問題行動には、技術的な小手先の対応では予防はできません。小手先の対応とは、例えば、保健室への回数を1日何回までと制限する、職員室に行き許可証をもらう、保健室にいる時間を10分以内に制限する（いずれも実際の例です）などで、根本的な理由が改善されない限りいつまでも続き、やがてさらにエスカレートして大きく荒れていくことにつながります。

ところで、この「わけ」とはどんなことを指しているのでしょうか。本当に体調が悪いからなのか、その原因はゲームを夜中までやっていたからなのか、単に授業が嫌で怠けたいからなのか、教科担任と最近何かあったからなのか、保健室に行くと気ままにできて楽できるからなのか、保健室には仲間がいるからなのか、などのことだと思う人もいるでしょう。いずれも、確かに「わけ」には違いありませんが、私が言う「わけ」というのはさらにその先にある「わけ」を指しています。例えば、「なぜ授業中なのに、仲間がいる保健室に行きたいのか」まで掘り下げた「わけ」です。私の受け持ったある子は、「教室にいるとみんなが俺のことをどう思っているか不安で居づらいが、保健室にいけば仲間がいる」と答えました。つまり、同じようなことをしている仲間の中では、お互いに認め合っているから、どう思われているのかという不安はないということなのでしょう。

この「認め合う」が深部にある「わけ」ということになります。

なるほどと思ったのは、やや荒れた子であってもクラスの子たちの眼を気にし、たとえ悪い仲間からであっても無視されたくない（その逆が「認め合う」）と思っていることです。そうすると、今度は、少しは根本的な取組ができることになります。彼が得意げに話せるような話題は何だろうか、クラスで彼が少しは活躍できそうなことはないだろうか、家庭の中で彼をほめることができるようなことは何だろうか、などと次の取組や対応の仕方の工夫のヒントがつかめてきます。

なお、「事例編」第1章①の「『服装・頭髪』の校則を守らない子がいる」で「わけ」を探ることの重要性を具体的に述べてありますから、そちらも参照してください。

第4鉄則

事実を指導する

1.「健全なトラブル」の場合①～軽視せずに必ず指導する～

第1鉄則で述べたようにトラブルには3種類ありますが、事実調べの過程でこのトラブルが「健全なトラブル」なのか、「嫌がらせ行為」なのか、「犯罪行為」なのかがわかってきたはずです。もちろん、「健全なトラブル」だと思って指導したが、その後これが「嫌がらせ行為」に発展したり、「嫌がらせ行為」が「犯罪行為」に発展したりという例は珍しくありませんから、可逆的なものであることに常に留意してください。

小・中学生の世界では、「健全なトラブル」はたえず起きるのが普通で、これをいくつも経験しながらトラブルは減っていきます。私の経験では中学1年生の時にトラブルがたくさんあっても学年が進むにつれて徐々に減っていき、3年生の頃にはほとんど起きなくなってくるのが普通でした。健全なトラブルをある程度経験することによってしか、トラブルのない人間関係を築けるようにはならないのです。

健全なトラブルにはどのような形態があるかというと、「冷やかし」「からかい」「軽く叩いたり蹴ったりする」「意地悪」「悪口や陰口」「仲間外し」「無視」「私物を隠す」「私物への落書き」「もめ事」「いざこざ」などと実に多様です。しかもそれらは「遊び」や「ふざけ」の中で行われたり、意図的にそれを装って行われたりすることもありますから、外見上はお互いに遊んだりふざけたりしているように見えます。さらにそれをやっている側は暴力ではないから、酷いことをしたという意識は薄く、「遊んでいただけ」「ふざけていただけ」と思い込んでいる場合が多いのです。また、「僕はたった1回か2回だけだ」と主張する場合にはいっそう罪の意識は薄いです。

もし、本当に友達関係があって遊んだり、ふざけたりする中で先の多様な形態が起きているのであれば、それはどの大人も子ども時代に経験した「健全なトラブル」といっていいでしょう。例えば、「冷やかし」も「かわいそうだからもうやめよう」と適度なところで抑制がかかるのは、互いに限度を知っているからです。このような「遊び」や「ふざけ」は仲間集団ではよくあることで、たいていは一方的ではなくお互いに「冷やかし合う」「からかい合う」「悪口を言い合う」など双方向的であるため、よくよく事実関係を調べるとわかります。「もめ事」「いざこざ」の類はこれです。

この「遊び」や「ふざけ」の中で起きたトラブルであっても指導が必要です。もし子どもたち自身で解決できると思えば、そのトラブルを教師に訴えてはこないでしょう。訴えや相談をしてきたということは、自分たちで解決できないと思ったのですから、教師が「大したことではない」と軽視して対応しなければ、やがて本当に「嫌がらせ行為」（いじめ）に発展していくのです。「いじめの重大事態」ではよくみられることです。

ただし、「遊び」や「ふざけ」を装って起きたトラブルは、既に「嫌がらせ行為」ですから厳しく指導しなければいけません（後述）。

ここで私が強調したいことは、例えば、「からかい」が全て思春期によくある健全なトラブルとは言えないし、「からかい」は必ず「いじめ」と判断して加害者を指導することも間違いであり、どちらの「からかい」であっても対応しなければいけないトラブルだということです。対応して初めてどんなトラブルかがわかることだからです。

2. 「健全なトラブル」の場合②～「もつれた糸を解きほぐす」～

先の「健全なトラブル」には加害者も被害者もいません。もし、事実関係をよく調べもせずに安易に加害者と被害者を決めれば、納得のいかない加害者（と決められた）は、例えば「相手だって僕に同じことをしたり言ったりしているのに」と思い教師に不満を抱くでしょうし、このトラブルはこじれてしまうかもしれません。

では、どう指導すればいいのでしょうか。このようなトラブルが起きる原因はいろいろですが、最も多いのは背景に人間関係の軋轢・もつれがある場合です。いわゆるもめ事・いざこざの類です。何の人間関係もない者同士では起きにくいからです。

背景にある軋轢やもつれを解きほぐす作業が必要です。昔は子どもたちだけの世界で解決し、大人がほとんど介入することはありませんでした。今はもつれた糸を解きほぐすことを教えないといけないようです。もつれた糸を少しずつ解きほぐすように、双方の言い分をよく聞き、どこでもつれてしまったのかを一緒にたどります。ここでは誤解・勘違い・思い込みがあることが多いですから、第2鉄則の「事実を調べる」で述べたように、時系列に沿って精査しますので、これもかなりの時間を要します。

そのため双方の言い分をよく聞かずに、「双方に原因があるから、お互いに謝って握手をして終わりにしなさい」という安易な方法を選択する教師がいます。これではもつれた糸は全く解きほぐされることもなく、本音も話せずに終わりにさせられるのですから、起きたトラブルから何も学ばずに双方に不満は溜まるだけでしょう。担任は双方から信頼を失うことになります。

もつれた糸を解きほぐしながら、最終的に双方と教師が一緒に「なぜ、こんなことになってしまったのか」「どの場面でどうしていれば、こんなにもつれなかったのか」「今後はどうしたらいいと思うか」などを考えさせます。人との親しい関係の築き方は、このようなトラブルを経験しながらうまくなっていくものです。そのチャンスにしなければいけません。

3.「嫌がらせ行為」の場合①
～「ふざけて遊んだだけ」は「嫌がらせ行為」の言い訳に多い～

思春期のこの時期はからかって遊ぶとか、ふざけてからかうなどというのは、よくあることであり、このようなことも「いじめ」「問題行動」として指導の対象にされたのでは、子どもの世界は息苦しく仲間集団はできにくいでしょう。生きた対人関係を学ぶ機会がなくなってしまうからです。

しかし、「ふざけて遊んだだけ」というのは一方の側の言い分であり、されている側はふざけているつもりも遊んでいるつもりもないというのは、よくあることです。おまけに「たった1回か2回だけ」などと自分のかかわりを、軽微だとする言い分までついてきます。

一歩間違うと死に至る「いじめ自殺事件」にはよくある光景ですから、この「だけ」にとらわれて見逃してはいけません。「健全なトラブル」とはおよそ違う「嫌がらせ行為」ですから、指導の手抜きをしてはいけません。加害者に形式的な謝罪を求めたり、約束を強制したりしても心の中では、「ふざけて遊んでいただけなのに」「たった1回か2回だけなのに」と思うだけで納得はしません。時には、そのことを家で保護者に話して子どもの言い分を鵜呑みにして、「ふざけて遊ぶなんて昔からあったことだよ。こんなこともダメなのか」と保護者とトラブルになった例もあります。

子どもを納得させることが必要です。まず、加害者の言い分を聞いてみます。「全然嫌がっていなかったよ」「嫌だったら嫌って言えばいいんだよ」などとそれなりの言い分も言うでしょう。そこで、「最初は遊びだったかもしれないが、今はそうじゃないよね」「『ふざけて遊んだだけ』と言うが、どうしてふざけて遊んでいたと思うのか。君たちだけがそう思っているんだよ」「相手が『やめてよ』と言ってるのに、やめなかったようだね」「周りの子たちに聞いたら、表情でも嫌がっていたようだよ」などと、被害者から聞いた内容を具体的につきつけ、「君たちにはたったそれ『だけ』でも、相手はそうとは限らない」「相手の表情や言動から嫌がっていることを想像できなかったのかな」などと相手の心情を察することを諭します。その上で最後は謝罪させ約束をさせます。

これだけで少なくともその子の「嫌がらせ行為」は激減するでしょう。「嫌がらせ行為」

をする子が、特定の子との人間関係がもつれたためにやってしまったなら、不特定の子にはそう起こすものではありません。ところが、人間関係もないのに「嫌がらせ行為」をする子にとって相手は誰でもよく、標的が変わるだけなので、根本的原因を探ることになります。この場合は本格的に指導方針を立てることになります（➡「事例編」第1章⑤）。

なお、この「嫌がらせ行為」を指導するには、調べた事実に基づいて「加害者」と「被害者」を決めるということです。この段階では担任などは裁判官のようなものであり、事実を調べる段階では警察官か検事のようなものですから、１人の教師が相反する顔をもっていなければいけないということになります。

4.「嫌がらせ行為」の場合②
～「たった1回か2回だけ」は、「心のコップの水」で～

例えば、「うざい」「きもい」「死ね」などの暴言を吐かれた子は、ある意味では暴力よりも過酷です。存在そのものが否定されるのですから、耐えられないことです。しかも、それを1日に何度も通りすがりに投げつけられるのです、耐え難いことです。同じことは無視や仲間外しなどでも起きます。悪口や陰口、冷やかしやからかいにもあります。２０２０年11月に自殺した東京都町田市の小学6年生の女児は、「孤独が一番嫌だ」という遺書を残して自殺しました。人は誰もが生まれながら「愛されたい」「認められたい」「必要とされたい」などの基本的欲求（本能ともいえる）をもっていますが、それらが全て否定されるのですから、絶望の淵に追いやられるのです（↓「手引き」⑥）。

しかも、加害者は「たった1回か2回言っただけなのに、おおげさだよ」「みんな言ってるよ。オレなんかたった1回くらいだよ」と罪の意識はほとんどありません。「嫌がらせ行為」や「いじめ」だと思っていないため、どんなに教師が「いじめはやめよう」「いじめは許さない」と声高に叫んでも、当の本人たちは自分たちのことだと思ってはいません。ですから、担任が道徳などで「いじめは犯罪です」と話をした休み時間にはもう「嫌がらせ行為」や「いじめ」が起きていたということが起きます。この「たった……」「……だけ」の間違いをわからせない限り、何度も繰り返されることになります。

その上で指導の最後には、「二度としません」という約束と謝罪を加害者にさせるのも一つですが、これは被害者の意向を聞いて決めるべきです。被害者によっては、「非を認めてくれればもうかかわりたくない」というケースも少なくないからです。

この「嫌がらせ行為」は大勢の加害者がいることがほとんどで、学級の大半が加害者であったというのもよくあることです。この場合、起きるたびに個別に指導していたのでは間に合いませんから、事前に学級全員を対象に道徳か特活の時間を1時間使って、授業としてやっておくのが一番です。私は50歳を超えた頃に、なるほどと思える授業に出会えました。それが「心のコップの水」です。

簡単に紹介すると、人の心の中をコップにたとえて、「死ね」などと言われるとコップの中には不快な水が溜まっていきますが、不快の感じ方はみな違いますので、その水の溜まり方もみな違います。しかも、コップの中の水は誰にも見えません。「オレが言ったのはたった1回だよ」と言っても、毎日何人もの子たちから言われ続ければ、不快な水は溜まり続けます。そしてついに誰かの最後のたった1滴で水は溢れ、死を選ぶかもしれないのです。みんながよく言う「たった1回」が死を選ばせることになります。この1時間の授業は『いじめでだれかが死ぬ前に』（平尾潔著、岩崎書店、２００９）にあるコップの話からヒントを得て組み立てた授業です（↓「手引き」⑦）。

5. 指導の結果を確かめることを伝える

ところで、「嫌がらせ行為」は何度も繰り返されますから、指導をしたら「解決した」と思ってはいけません。指導したら、最後に加害者にも被害者にもさらに双方の保護者にも次のことを伝えて、学校側はそれを守らなければいけません。詳しくは「第5鉄則」〝指導の結果を確かめる〟で述べています。

まず加害者の子には「二度としないという約束を信じますが、明日からそれが守られているかどうかを見守っていきます。時々、その後は何もないかを相手にも聞きますから、二度とないように頑張りなさい」などと。被害者には「二度としないという約束をしてますが、本当にそれが守られているかを明日から見守っていきますので、何かあったら両親にも先生にもすぐに相談してください。なくなるまで何度でも学校は指導します」などと伝えます。もちろん、この学校側の約束は実行されなければいけません。

6.「犯罪行為」の場合～「法的対応」か「関係機関との相談」～

学校内で起きるトラブル（問題行動）の3つ目は、「犯罪行為」ともいうべき暴力・恐喝・金品の盗難・器物損壊などです。とりわけ教師に対する暴力は、同じトラブルでもその対応は難しく、適切な対応ができなかった場合には大きく荒れていくきっかけにもなりますから、最も重視すべき問題です。

教師が暴力を受けるということは一部の生徒が、自らの意思を暴力で押し通したり気に入らなければ暴力を振るったりして解決しようとするのですから、これがまかり通ると学校は無法化し、結局、一般生徒は安心して生活できなくなります。これはかつての「校内暴力」期のことであって、今はないだろうと思ってはいけません。マスコミは子どもが起こすトラブルや問題行動を全て「いじめ問題」に収斂させてしまったため、学校・教師批判が前面に報道され、背景にある〝荒れ〟〝学級崩壊〟が隠されてしまっているだけなのです。

今日でも学校現場では、当然のことを注意しただけで一触即発状態になる、授業妨害が頻繁に起こり厳しく注意すれば殴られるだろうと思いながら授業をやっている、などという例はたくさんあります。ある女性教師は廊下を歩いていると、後ろからツバをかけられる、すれ違いざまに「ブス」「教師やめろ」などの罵声が飛んでくるが、多くの教師は暴力を恐れて見過ごすと言います。「校内暴力」期には普通に見られた光景ですが、今でも数は減ったとはいえ、日本中のあちこちで起きていることです。報道がされないだけです。

このように暴力・恐喝・盗難などの重大な問題に適切な対応ができないと、学校は安心も安全も守れない無法状態になっていきます。

金品をたかる恐喝も同じです。「いじめ自殺事件」として報道されるものには、少なからずこの恐喝を伴う場合も多いです。２０１６年11月に連日報道された横浜市の小学校で起きたいわゆる「原発避難いじめ」は、福島県から原発事故で避難してきた小学生が、暴力や恐喝を受けた事件ですが、これも「学校はなぜいじめと認識できなかったのか」と批判されました。この事件では、学校側は校内会議で「『いじめではなく、非行かもしれない』

といった議論に終始し、重大事態の認定については協議しなかった」（読売新聞、2016年11月17日）と指摘されていますが、「非行」（この場合は暴力・恐喝）として対応すべきだったのです。「いじめ問題」として括られることによって、適切な対応はもちろん今日の学校の実態も曖昧になりました。

この「犯罪行為」ともいうべき問題は、原則として「法的対応」をとるか「関係機関との相談」をすべきです。ただし、この方針を実行するには事前にいくつかのことを、教師間で合意していないと実行できません（↓「手引き」⑧）。

どの程度の暴力・恐喝・盗難を対象とするか、ということの合意です。また、「関係機関との相談」は地元の児童相談所や警察などが、きちんと理解して対応してくれるかです。今では「学校警察連絡協議会」という組織がある自治体が多いですから、よく連携しましょう。

7. 保護者とは誰がどんな相談をするか

トラブルの指導が終わると、いよいよ終わらせ方を双方の保護者に提案し相談します。終わらせ方は保護者の合意が大前提です。指導の内容や子どもの様子を伝え、家庭でも様子を見てもらうことになりますから、一方的に伝えるのではなく保護者の心境や意見も聞き相談します。指導がうまくいかなかった時には、ここの相談がカギを握ることになりますから、軽視してはいけません。

そのため、誰が保護者に対応すべきかを述べておきます。「健全なトラブル」であれば担任だけでいいのですが、初めて担任になったとか、全く生徒指導の経験がない教師なら、一緒に指導した学年主任か学年の生徒指導係が同行し保護者にも対応すべきです。「嫌がらせ行為」なら、担任や学年の生徒指導係が一緒に対応するでしょうが、担任に経験がない場合には保護者への相談にも同行したほうがいいでしょう。特に、加害者の保護者に嫌がらせであると理解してもらえるならいいのですが、「嫌がらせ」という受け止め方に難色を示すようであれば、経験の少ない教師には荷が重いはずです。

また、悪質な「嫌がらせ行為」であったり複雑な経過があったり、保護者が学校に不信感をもっていたりする場合には、必ず学年主任や生徒指導係が一緒に対応します。

最後の「犯罪行為」に対する「法的対応」と「関係機関との相談」は管理職が決定しないといけませんが、決定したら担任・学年主任・生徒指導部長（主事）がその旨を保護者と子どもに伝え、場合によっては、校長室で校長から伝えるのが最も妥当だと思います。

一般的に一緒に指導した教師は保護者にも一緒に対応するのがいいと思ってください。指導の場に一緒にいたのであれば、それだけ臨場感のある説明ができるからです。

第5鉄則

指導の結果を確かめる

1. 「嫌がらせ行為」は繰り返される

「健全なトラブル」の場合は広範囲の生徒で起きますが、一過性の場合が多く、学年が進むにつれ減っていくのが普通です。それはトラブルを経験することによって、生きた対人関係を学んでいくからです。また、「犯罪行為」ならば、「法的対応」や「関係機関との相談」によって、同じことをまた繰り返した場合にはどのような処遇になるかは、とても明確になっていることがほとんどですから、簡単には繰り返すことはできません。

一番繰り返されるのは、「嫌がらせ行為」なのです。一度や二度の指導をしても、「オレだけじゃない」「あの程度で」「ふざけて遊んでいただけ」などという意識がどうしても拭えないからです。そのために何回も繰り返すことになります。

例えば、「いじめ自殺事件」として報道される事件には、「指導して解決したと思っていた」というケースが大変多いことをご存じでしょうか。２０１７年1月に起きた福島県須賀川市の中学1年生の「いじめ自殺事件」をはじめとして、同年7月の広島市の中学3年生、同じく11月の埼玉県鶴ヶ島市の小学6年生、２０１８年8月の東京都八王子市の中学2年生、２０１９年7月の岐阜市の中学3年生などの自殺事件は、学校側が「解決した」と判断した後も解消されることはなく、死を選んだ可能性が高い事件です。しかも、詳しい報道がされていないためわからないだけであり、実際にはまだまだあると思われます。

ですから、どんなトラブルであっても、「指導したから、もう起きないだろう」などという思い込みには、何の根拠もありませんので、指導が終わったら今度はその結果を確かめることが不可欠なのです。

2. 確かめる方法

確かめ方はいろいろありますが、被害者に直接確かめる、その保護者にも確かめる、被害者の友人にも確かめる、などです。ただし、被害者やその友人に確かめる場合には、原則として他の者には知られないようにしないと本当のことは言えないかもしれませんので、これは注意してください。

この指導の結果を確かめるというのは、被害者と加害者、双方の保護者にも伝えてある

（→「第4鉄則5」〝指導の結果を確かめることを伝える〟）ことですから、必ず守らなければ信用を失います。どれくらいの期間を見守るかは、起きた行為のレベルや被害者の反省度で違いますが、私の場合は最低1カ月何もなければ特別に見守るのはやめますが、授業の行き帰りで本人たちをよく観察したり、定期的に設定していた「個人面談」などで確かめたりしました。

もし、この「嫌がらせ行為」が長期にわたっていたとか、とてもしつこくて陰湿であったとか、被害者のダメージがとても大きかったなどという場合には、学年の生徒指導係の先生などにも協力を求めて文字通り〝直接見守る〟体制をとらなければいけません。具体的には、そのクラスを学年の先生が授業の行き帰りに通る時には、意図的に加害者と被害者の様子を見るのです。この種のしつこい嫌がらせ行為はクラス全体の子どもも知っていることがほとんどですから、知られないように見守るなどという必要はありません。一種のデモンストレーションでもありますから、一般生徒が「きっとあのことで先生方たちは取り組んでいるんだ」とわかったほうがいいのです。

しかし、この〝直接見守る〟体制だけでは全ての時間を見られるわけではありませんから、必ず被害者本人に確かめるのが一番いいです。その場合、既に述べたように誰にも知られずに聞くことです。被害者が教師に呼ばれていることがあると加害者にわかると、もし嫌がらせが継続されていたら本当のことを言わないように、被害者に圧力をかけるかもしれないからです。経験の少ない教師なら、「そこまで子どもを疑わなければいけないのか」と、きっとやるせない気持ちになるに違いありません。けれども、現実は厳しいものであって、特に学校が荒れていたり学級崩壊のようなクラスではよくあることです。

場合によっては、家庭訪問などで直接本人に確かめるといいのですが、それでさえも本当のことを言わないことがありますから、保護者から様子を聞くことも不可欠です。

次に加害者ですが、本人には「その後は約束は守られていますか」などと確かめたりします。加害者の保護者には「ありがとうございます。お子さんと話をしていただいたようで、その後は何もなく相手も喜んでいました」などと良い報告ができると、加害者の保護者もうれしいでしょう。

3. 指導し直して、指導方針を修正する

しかし、そう順調にはいかないでしょう。もし、約束した後に嫌がらせが継続されていたなら、すぐに指導をし直します。その指導内容は新しい事実がなければ、一度目と同様な指導になりますが構いません。何度でもあきらめずに指導すれば、加害者は「(嫌がらせを) やるたびにこれだけの時間叱られて、親にも連絡されるし割に合わないや」と思うで

しょう。この「割に合わない」が重要なのです。本人が心から反省してくれるような指導は、残念ながらそうそうあるものではありません。「割に合わない」「また親に叱られる」などという外的な動機が、やがて時間が経つにつれて「こんなことをしてはいけない」と内面化していくのです。それはちょうど幼少期に悪いことをしようとした時に、「怖い父親の顔を思い出して思いとどまった」「やさしい母親を泣かせてしまう姿を思い出して思いとどまった」などというのと同じで、必ずしも「心から反省して」思いとどまったわけではありません。このような体験を積み重ねることによって、やがて「怖い父親の声」が内面化し自制心や道徳心も育っていくのではないでしょうか。

ところで、『「宿命」を生きる若者たち』（岩波書店、２０１９）で筆者の土井隆義氏は高齢者の万引きが激増し、若者のそれよりも上回っているが、「自分を心配してくれる家族や友人がいれば、つい魔が差してしまいそうになったとき、『彼らに顔向けできない』といった思いがその問題行動を抑制してくれます」と言っています。この〝顔向けできない〟という心の中からの反省ではなく、むしろ外的な動機に近いものが人に抑制心を生みます。

ですから、何度でも指導をし直してください。私の経験では実際には4度目が最高でした。このとき加害者は「本当にしつこいな。わかったよ、もうやめるよ」でしたが、本当にこれが最後でした。

もし、何度も続くのであれば、指導方針は修正しなければなりません。例えば、「もし、君が今後も嫌がらせ行為を繰り返すなら、相手の両親も話をしたいと言ってますから、君の両親と6人で話し合う場をつくることになります」「もし、これ以上繰り返すなら、警察へ相談したり通報したりすることになります」などと、さらに一段レベルアップした指導方針を示すことになります（→「早期に警察へ相談・通報すべきいじめ事案について（通知）」「（別紙1）学校において生じる可能性がある犯罪行為等について」平成25年5月16日文科省）。

つまり、指導方針の修正です。うまくいかなければ、修正して指導をし直し、またその指導結果を確かめます。これを繰り返すことです。「いじめ自殺事件」でよく見られるのは、この指導をし直して指導方針を修正するということをやっていないわけです。

4.「まずやってみて、すぐ修正し、またやってみる」

いわゆる「ＰＤＣＡサイクル」のことですが、このような言葉を使うと何か新しい特別な言葉のように聞こえてしまいますが、こんなことは普段の日常生活で誰もがやっていることです（→「手引き」⑨）。簡単に言えば、次のようなことです。

ＰはPlan（計画）を立てる、ＤはそれをDo（実行）する、ＣはCheck（点検・評価）する、AはAct（修正・改善）する。これらを繰り返すことをPDCAサイクルといいますが、生徒指導の世界では「まずやってみて、すぐ修正し、またやってみる」という具合に昔からやっていることです。大切なことはこのPDCAを繰り返すことです。つまり、Dで終了したと思わずに点検・修正し、また最初に戻って繰り返すことです。

ところが、いくつかの「いじめ自殺事件」などに見られるように、このPDCAサイクルを怠ってしまい、「解決した」などと判断し、その後の指導の確かめ（点検）や指導のし直しをしなかったために嫌がらせ行為が継続され死を選んだものです。

このことはあらゆる問題行動の指導をする時にも共通していて、ここまでやらないと終了にしてはいけないというのが大原則です。特に生徒指導部や学年主任は、ここまで確認しなければいけません（↓「手引き」⑩）。

5. 指導の結果を確かめた時の報告・連絡・相談は

これまでに事実を調べる、事実を指導するなどのそれぞれの段階で「報告・連絡・相談」がありましたが、この第5鉄則でも同じです。指導をしてうまくいったから終わりではなく、最後にその指導がうまくいっているかを確かめた結果も報告します。

例えば、当面の1週間は毎日学年の先生たちに報告する、1週間に一度は生徒指導部の会合で報告する、その結果は生徒指導部から管理職にも報告されるでしょう。

指導の結果を確かめた内容を報告することは、教師（特に若い教師）のトラブル対応の力を育てることになります。その報告には失敗であれ成功であれ、対応の教訓があるからです。全教職員への報告も欠かせません。よく、学年が違うから全体には解決してから、あるいは状況がもっと悪くなったら、報告すればいいとしている学校があります。会議を効率化させるためという理由もあるのでしょうが、子どもたちの安心・安全よりも優先されるものがあるということ自体が、もはや本末転倒というべきです。情報は公表することを原則にしないと、トラブル対応の力が育たないだけでなく、質のいい相談はできません。情報をきちんと出さないのでは、適切な助言も援助もできません。

このような「報告・連絡・相談」は生徒指導体制をつくる時の根幹の問題であり、これが徹底されていないと、とても複雑なトラブルには対応できません。全教職員に習慣化していることが大切です。

最後に言うまでもなく、加害者と被害者への保護者には指導の結果を確かめている場合にも連絡・相談をしなければいけません。当然、その内容によっては学年主任や生徒指導部の教師も同席します。

第6鉄則

学級・学年全体への指導はどうするか

1.「寝た子を起こすな」は正しいか

問題行動の多い学校や学級の担任が必ず迷うのが、「この問題を学級で話すと、逆に広まってしまうのではないか。関係者以外にはわからないほうがいいのではないか」ということです。

例えば、「休み時間に音楽室から戻ってきたとき、カバンに入れておいた○○君のお金が盗まれてしまった。お金は朝のうちに先生に預けてください」などと学級で指導したとします。この事実を知っているのは盗まれた子と盗んだ子、一緒にいた子がいればその子たちですから、そんなに大勢ではありません。それなら、わざわざ学級全体にこんなことがあったなどと言わないほうがいいのではないかということです。「学級の悪いことを言うと、せっかく良い雰囲気で生活できているのに水を差すようなものだ」と思ってしまうのでしょう。また伝えることによって、「そんなことができてしまうのか」「そういう方法もあるのか」と逆に教えてしまうことにならないだろうかと迷ってしまうわけです。これがもし「嫌がらせ行為」ならばもっと迷います。例えば、嫌なあだ名で呼ぶ嫌がらせがあります。あるいは根拠もないのにバイ菌扱いする嫌がらせがあります。これらの嫌がらせを学級で話すとなると、逆に嫌なあだ名やバイ菌扱いが広まってしまわないかという心配です。つまり「寝た子」とは事実を知らず、今は問題のない一般生徒を指しています。

これらの迷いや心配は「寝た子」を起こしていいのかということであり、かつて「校内暴力」期には「寝た子を起こすな」として先輩教師からよく言われたものです。これに対する私の答えは、「どうせ子どもたちは知っているのだから、寝た子は起こしてもよい」です（→「手引き」⑪）。

2.「中間的集団」を育てるため

なぜ、寝た子は起きても構わないのでしょうか。確かに、どうせ知っているとしても全員が知っているわけではないのに、わざわざ知らせる必要はあるのかということです。なぜ構わないのかというと、「中間的集団」を育てるためなのです（→「手引き」⑫）。

よく言われるように、トラブル特にいじめには当事者以外におもしろがって見ていたり、時にははやしたてたりする「観衆」と、見て見ぬ振りをしている「傍観者」がいます。いずれも抑止力としてははたらきませんが、一番人数が多いのはこの「傍観者」です。

この抑止力を育てるためには、最大の集団である「傍観者」を育てて、その「傍観者」の中に「人の嫌がることはしない」「いじめはしない」という気風をつくる以外にはないのです。もちろん、加害者への指導はやらなければいけませんが、それだけに頼るとモグラ叩きのような指導になり、落ち着いた学校や学級ならまだ何とかなりますが、次々と問題が起きるような学校や学級では際限がありません。

このことはどんな問題行動でも同じなのです。学級集団は、大雑把に分けるとごく一部の「真面目な集団」と、ごく一部の問題をもっている「逸脱集団」、そして圧倒的な人数の「中間的集団」の3つからなっています。この「中間的集団」は「観衆」と「傍観者」ですが学級の雰囲気を決めます。この「中間的集団」がごく一部の「逸脱集団」を何らかの理由で〝支持〟したり心の中で〝応援〟したりすると、学級は一気に退廃的な雰囲気になり不正がまかり通る荒れに突き進むことになってしまいます。何らかの理由とは、例えば、担任や学校への反発、自らの存在を示したり欲求を満たしたりするための言動などです。つまり、私たちは「中間的集団」を育てることを忘れてはいけないのですが、荒れてくるとついつい荒れた子どもたちばかり追い回してしまうのです。「中間的集団」を育てるためには、

「学級活動」や「行事」などに取り組むことです（→「手引き」⑬）。

したがって「寝た子」を起こしてもいいから、学級で起きたことを話して「中間的集団」の子たちに訴えることです。この「中間的集団」の子どもたちの中には、おとなしく堂々と不正を正すことはできませんが、正義感をもっている子はたくさんいます。その子たちの正義感を引き出すためには、教師の姿勢を全員に示すことが必要なことなのです。学級でトラブルやいじめがあった時に、「担任の先生は知っているのだろうか。どう思っているのだろうか。ちゃんと指導してくれているのだろうか」とみな注目をしているはずです。そんな時に「あれっ、あのことを担任は知らないのかな。指導していないのかも」などと子どもたちが思ったら、「頼りない先生だな。自分が被害を受けても助けてくれないかも」と思うでしょう。これでは担任への信頼感を育てることはできません。

教師がトラブルに対して価値観を示さずに、子どもたちの中に抑止力や正義感が自然と育つことはありません。

3．どんな問題をどこまで話すか

しかし、このトラブルを話す時に何の配慮もせずに話してはいけません。例えば、被害者と加害者の人権や個人情報を守って話すことが大前提です。本人たちの納得を得てから話すのが適切で、加害者や被害者を〝さらし者〟にすることが目的ではありません。

「健全なトラブル」の場合は「この時は、こうすれば良かったんです」と人間関係のつくり方を教えます。勘違いや誤解が背景にあったならば、「ここできちんと相手の真意を確かめれば良かったんですよ。ちょっとした誤解や勘違いでこんな大ごとになってしまうんだよ」などと。

「嫌がらせ行為」ならば、前述の「第4鉄則」3、4で述べたように、「ふざけて遊んだだけ」「たった1回か2回だけ」という言い訳の間違いをどうしても教えないと、時にはもっと巧妙に隠れて継続したり、ターゲットを替えて何度でも起きてしまうことになります。それには最近この学級で起きたことを取り上げたほうが、リアリティがあり、子どもたちの心に訴えるものが強くなります。「寝た子は起こしてもよい」のです。クラスで起きたことは、生きた教材になることがあります。

4. 道徳やいじめの授業は、効果があるのか

それに比べて一般的な道徳の授業やいじめを取り上げた授業は、私の経験ではほとんど効果はありません。「いじめはよくない。犯罪です」などと教えても、子どもたちは自分のやったことは「いじめ」じゃないと思っているのですから、他人事なのです。「いじめの授

業」の後の休み時間にいじめがあったことを経験してきました。

つまり、どんなに立派な道徳的な価値観、例えば、「思いやり」（文科省中学校学習指導要領「道徳」から）などを教えても、子どもたちは思いやりがないから、「嫌がらせ行為」や「いじめ」をやってしまうのではなく、人間関係の軋轢やもつれを解きほぐす力がないから起きるのです。むしろ、この人間関係のトラブルをある程度経験していると、「自分がその言動をした時に、相手に生じていると思われる心が理解できるようになります」（←「第1鉄則」1の〝「トラブル」には〝健全な〟トラブルもある〟）。これこそが「思いやり」を育む土台になります。

このトラブルの経験の大切さは次のことからも言えると思います。チンパンジーの研究から人の心の進化について研究している霊長類学者の松沢哲郎氏は、『心の進化をさぐる』（NHK出版）で、人はどのようにして相手の心を理解するようになるのかを述べています。「他者の行動を見たとき、自分がその行動をしたときの結果を自らも既に経験しているので、他者に生じているはずの心を理解することができる」（傍点は吉田）

つまり、自分がトラブルを経験したことがあると、例えば、「悪口」を言われ嫌な思いをした経験があると、自分が相手の悪口を言えば、「きっと嫌な思いをするだろうな」と想像できます。その結果、悪口を言うのを思いとどまることもできるのです。

第7鉄則

指導の記録をする

1. 記録には3種類ある

言うまでもなく、記録することの重要性は生徒指導に限らず教育活動全般にいえることですが、とりわけ生徒指導の記録は、のちのち必要になることが多く、指導がうまくいったから記録まで必要ないだろうと思ってはいけません。例えば、トラブルなどは1年後に同じ相手に起きた時や、次年度の担任に申し送る時などにも必要だからです。

記録には大きく分けて3種類あります。①情報をとらえて事実を調べている時や指導する過程で必要な記録、②いったん指導が終了した時に管理職などに報告する際の記録、③今後の指導のために記録して保存しておくものの3つです。

①の記録は担任や学年主任、生徒指導係が情報を確かめて事実を確定する時に必要な記録ですから、通常は口頭で打ち合わせをしますので、メモ書き程度で十分なのです。これ

をいちいち文書にして報告をするという、硬直した学校に勤務したことがありますが、文書提出ですから担任としてはとても手間のかかることで、連絡も報告も極端に少ない学校になっていました。

また、文書が回ってきても読むのは後回しとなり、口頭より臨場感もなく結局は若い担任は重大なトラブルを見落としたり、他の学級の様子が正しく伝わらなかったりして、トラブルの対応はうまくいかなかったことが多く、この方式は変更してもらいました。その結果、学年の生徒指導係には情報がよく集まるようになりました。

②の記録は、重大な問題行動（例えば、悪質な「嫌がらせ行為」「犯罪行為」など）が起きた時に、学校長や教育委員会などに報告するものですから、きちんとした文章で綴られたもので報告する場合です。いわば、準公文書のようなものです。たいがいは、学校としてまたは教育委員会として報告様式が定められているのが普通で、この場合は報告者は生徒指導主事（部長）になります。

③の記録は、自分が担任として今後の指導のために保存も兼ねて、記録しておく場合です。通常、中学校は3年間所属学年が変わらないことが多く、特に生徒指導係は数年は継続されますから、子どもたちの情報も積み重ねていきます。そのためには、①のメモ風のものではなく、確定した事実と指導の結果などがわかるようになっている必要がありま

す。例えば、調べた途中経過などは必要なく簡潔明瞭に経過や指導内容、結果、その後の確かめたことなどを記録しておきます。1年後に見ても概要がわかるくらいでいいのですが、この③の記録こそが実際にはよく利用できる記録です。

①の記録は全てのトラブルに適切に対応するための記録で、指導が終了するまで加筆したりしていくことになります。②の記録は重大なトラブルを正式に報告するための記録、③の記録はのちのちのために保存しておく記録ということになります。

本書をお読みになっている方にとって重要なのは、おそらく①と③だと思います。

2. 記録の実例

ここで①の記録の実例を示しておきますので、参考にしてください。

6月10日（月）の放課後に山口君（1組）から担任に相談あり。

・〈山口君の話〉大阪君（1組）、福岡君（2組）から嫌なあだ名（「ハゲ」「マヌケ」）で呼ばれ困っている。やめてくれと言っても何度も言ってくるので、「もう嫌だ」。1年生になった5月から始まった。2人とも小学校も違うから入学して一緒になっただけ。

〈夜〉山口君の母親に連絡して明日事実を相手から確かめ、事実なら指導します。もし、今後も続く場合は指導をし直しますから、見守るように頼む。

6月11日（火）放課後にそれぞれの担任から山口君をあだ名でわざと呼んだのか聞いたら、双方とも認めるが大阪君はバカにされたからだという言い分。

・〈大阪君の話〉４月の末頃から何度か僕のほうを見て、ニヤニヤしてバカにされたので、嫌なやつだと思っていた。だから、あだ名をつけてわざと呼んでいた。山口君の態度が悪いからこうなった。だから、僕は悪くない。

・〈福岡君の話〉大阪君とは仲がよく、いつも山口君の嫌なところを聞かされていたので、良く思っていなかった。バカにしたほうが悪いのだからしょうがないと思った。

6月11日（火）事実を確かめるために山口君から再度聞く。

・〈山口君の話〉大阪君の「僕を見てニヤニヤした」という言い分を伝える。山口君はそんなつもりは全くないし、小学校も違うからよく知らない子だ。

〈夜〉山口君と大阪君の母親に連絡。不一致のところは話さずに、明日さらに聞いて確かめることがあると伝える。

―以下、略―

これを次のようにメモ風にしてもいいと思います。自分がわかればいいのですから。

6／10　山口君←大阪君（1組）、福岡君（2組）が「ハゲ」「マヌケ」。「嫌なあだ名だ」（山口）。山口君母に連絡。指導の約束。

6／11　大阪君、4月の末頃から「ニヤニヤしてバカにされた」福岡君「バカにしたほうが悪い」

6／11　山口君に再度聞く。「ニヤニヤした」つもりはない。よく知らない子だ。
夜、双方の保護者に起きたことの概略。明日もう少し聞くことを伝える。

―以下、略―

記録をする先生は、通常、担任と学年の生徒指導担当ですが、問題のレベルによっては生徒指導主事（部長）も記録します。他人の書いた文章やメモは後になって読んだ時にはわからないことが多いので、自分の言葉で書き留める習慣をつけることが大事です。

ただし、当事者たちの思いや受け止め方は、生の声を記録しましょう。それを調べた教師の言葉に直してしまうと、後で双方の正確な言い分がわからなくなることがあるため要注意です。例えば、山口君は「嫌なあだ名」で呼ばれていると言っているのを「嫌がらせをされている」「いじめを受けている」などと、勝手に言い換えてはいけません。そこには既に教師個人の偏見が入ってしまっています。他の先生が読んだり、半年以上も経ってから読んだりした時に、いつのまにか「山口君が大阪君・福岡君からいじめを受けた」という事実であったかのように独り歩きすることがあるからです。「からかわれている」という場合も「ただのからかい」などと記述するのではなく、そのからかいの中身を具体的に記録しておくことです。

3. 記録を保存する

記録には3種類があることを最初に述べましたが、①の全てのトラブルに適切に対応するための記録は、保存をしておく必要はありません。その学年が卒業したら必ず廃棄します。当時係だったからという理由で自宅に持ち込んだりしてはいけません。データの場合も同じで個人のものと思ってはいけません。②の記録はいわば公文書のようなものですから、当然、管理職か生徒指導主事（部長）が規定年数は保存することになります。

③の記録は学年で保管するのが普通ですが、該当学年の卒業と同時に廃棄しても構いません。重大なトラブルや問題行動は②で学校としても記録があり、保存もしているはずですから問題はありません。念のために、高校との引き継ぎで必要な場合もありますので、1年間保存している学校もあります。

また、この③の記録は、その後のトラブルや問題行動の対応で卒業までの3年間に必要になる場合もありますから、学年として保存しておきます。

4.「記録ノート」は貴重な財産

私にとってこの記録したノートは貴重な財産になりました。はじめの数年はただの指導の記録だけでしたが、だんだんと失敗を重ねているうちに「こうすれば良かったのか」などという反省を数行書くようになりました。そうするとこの失敗と反省は頭によく入るようになり、忘れません。少し時間ができた時などに見直すようにもなり、私の生徒指導には貴重な財産になりました。

1年生の担任になると、実にトラブルが多く、大学ノートが年間で3冊必要でしたが、2年生になると2冊に減りました。最後の3年生になると、1冊で十分間に合いました。子どもたちは小さなトラブルを経験しながら、人間関係のつくり方やいざこざの解決の仕方を学んでいったのだと思います。

退職までに50数冊のノートを使ったことになりますが、みなさんも「生徒指導ノート」をつくってみてはどうでしょうか。1年間の記録から学ぶ生徒指導の「考え方」や「技術や方法」は莫大なものになるはずです。

第2章

解決までの全プロセスを実況中継

本章では、第1章の鉄則7つがどのように使われるか、その全プロセスを事例で示しました。

上段では解決までの全てのプロセスを、下段では第1章の鉄則を示しています。

※実況中継はプロセスがわかるようにするのが目的ですから、細部は省いています。

1

「からかわれる」

私は中学校の教員になって5年目です。今年は2年生の担任です。この4年間は生徒指導で大きな失敗もなく、そこそこうまくやってこられましたが、一つだけ不安に思っていることがあります。

同じ職場の先生たちが、生徒指導をどうやっているのかが全くわかりません。それだけ今は学校が落ち着いている、ということでもありますが、市内には荒れている学校がいくつもあり、あと1年もすると異動することになります。今の自分で大丈夫なのか不安です。同期の先生の中には異動先でとても苦労している人もいます。

先輩たちが行う生徒指導場面も見たことがありません。いつも指導後に、その結果報告がなされるか、それすらないことがほとんどですから、他の先生の実際の生徒指導を見たこともないのです。「これでいいのだろうか」「もっと他に方法があるのではないだろうか」「もっと荒れている学校に勤めても通用するのだろうか」と不安に思うことがあります。大学時代には「生徒指導・教育相談」の授業がありましたが、ほとんど役に立ちません。いろいろな生徒指導の書籍も読んでみましたが、理論が多く、実際の技術や方法は皆目わかりません。技術書のようなものも読んでみましたが、解決までの流れがよくわからず、「このことは実際にはどうやっているのだろうか」と疑問をもつものが多かったです。

思い切って経験のある先生に、「今度、先生の生徒指導場面を見せてくれませんか?」と頼んだことがありますが、いろいろな理由で結局見せてもらうことができずにいます。このままでは、自分のやっている生徒指導しか知らずに異動になりそうです。一度、他の先生の生徒指導を知りたいです。

（上野忠之・男性28歳）

①6月8日（火）放課後 ▽トラブルの発見△

放課後、学年のフロアを歩いていたら、隣のクラスの吉野君が「先生、知ってますか。3組の岡田君が、高山君や大谷君、岩本君から、いつもからかわれたりして、いじめられているよ。本人はとても嫌がっていて。1カ月くらい前から本人がよく言っています」と言ってきました。

岡田君本人からは、そのような訴えもなく、普段の様子

第1鉄則「情報をとらえる」3

起きたことには無条件に対応します。

「いじめられている」という情報であっても、「いじめ」かどうかの判断をしてはいけません。また、重大なことなの

からも気づきませんでした。

さっそく、事実確認をしなければいけないので岡田君を捜しました。部活動中のはずなので、顧問の先生に確かめたところ、今日は用事があって帰ったそうです。

自宅に電話をしましたが、誰も出なかったので、待つことにしました。既に18時でした。

その間に学年主任と学年の生徒指導係に報告し、今日中に岡田君に事実を確かめることにしました。教材研究や事務仕事をしながら、何度か電話しましたがなかなかつながらず、21時になってやっと母親と話ができました。

「今日、岡田君の友人から聞いたのですが、何人かの子たちにからかわれていて、嫌がっているということらしいのです。この件について、お母さんは何か聞いていましたか。どちらにしても、この件について本人から詳しく聞きたいのです。電話がつながらず時間は少し遅くなってしまいましたが、これからお邪魔してもいいでしょうか」


か、よくあるただのトラブルなのかもまず事実を調べないとわかりません。これを先に判断してしまうと、教師の思い込みや偏見が入り、適切な対応はできなくなります。


第2鉄則「事実を調べる」7

とりあえず学年主任と学年の生徒指導係に報告しておきます。


第2鉄則「事実を調べる」1

情報には、その日のうちにできるだけ対応します。

母親は快諾してくれたので、早速向かいました。

―夜、岡田君の家庭訪問―

父親はまだ帰宅していませんでしたが、岡田君の友人から聞いて心配している旨を話し、本題に入りました。

担任「岡田君、君の友人から、高山君たち3人からよくからかわれていて困っていると聞いたんだけど、本当かな。心配なので」

母親『そんなことがあるんなら、先生にちゃんと話しな。あんた少し言っていたことはあるね』

岡田『そんなにひどくからかわれるわけではないけど、結構しつこいので最近は嫌になってます』

担任「どうからかわれるの？」

岡田『嫌なあだ名で僕のことを大声で呼んだり、大勢の前で「のろま」とか「まぬけ」とか言うんだ』

担任「先生も気がつかなくて悪かったね。そんなこと言われたら誰でも嫌になるよ。その時、君は『やめてくれ！』

第2鉄則「事実を調べる」2

この時点ではまだ事実が確定していないので、高山君たち

とか言い返したの？ 言い返さなくても、相手のほうが悪いけど」

岡田『最初の頃は言い返したけど、全然やめない』

担任「先生は、やめるように3人に話したいんだけどいいかな？ 仕返しが怖いとか、3人がやめても他に広がるほうが嫌だとか、心配なことがあるのかな」

岡田『もし、やめなかったらどうなるんですか』

担任「もう1カ月も続いているんだから、このままではいつ終わるかわからないよね。もし、やめなかったらやめるまで指導するよ。3人の親御さんにはすぐ話もするし、それでも3人はやめないかな？

お母さん、どうですか。こんなことを毎日言われたら嫌になってしまいますよ。とことん指導しますが、よろしいですか？」

母親『是非お願いします』

実際のやりとりはもっと長いですが、最終的に本人と母

3人を加害者と断定してはいけません。

「もし、それが本当なら嫌になるね」と条件付きで気持ちに理解を示すのは構いません。

見通しを示し、被害者の合意をもらいます。

親の了解をもらい、父親にも話をしておくことを依頼し、明日指導することを約束して帰りました。この日はもう遅かったので、学校への報告は明日の朝にしました。

帰宅し「記録ノート」に今日の記録をしました。

6月8日（火）
・吉野君から聞く。岡田君が、高山君や大谷君、岩本君の3人からからかわれている。
・21時頃、家庭訪問。母親と本人。岡田君はからかわれていて嫌な思いをしている。父親不在。
・嫌なあだ名、のろま、まぬけなど。しつこく1カ月ほど続く。指導をすることになり、母親も合意。明日、3人から事実確認する。

②6月9日（水）放課後　▽事実の確認（その1）△

―学年内で報告―

朝、学年主任と学年生徒指導係に昨日の家庭訪問の結果を報告し、今日の放課後に指導することを伝えました。ま

第2鉄則「事実を調べる」7

朝の打ち合わせなどは時間があまりありませんから、要領よく簡潔に報告し、今日の対

ず事実の確認をし、保護者への説明まで今日中にすることを伝えました。朝の学年打ち合わせでは、現段階の事実関係とその後の予定を報告しました。

また、3人いるので時間がかかりますから、放課後になったら、すぐに1人ずつ呼んで確認します。

―放課後、3人から事情を聞く―

まず、高山君を相談室に呼び、確認します。

担任「最近、君は岡田君が嫌がることを言ったりしていませんか」と切り出しました。

高山『そんなことしてませんよ。お互い友達ですから、ふざけて遊んでいるのを見たんですよ』

担任「ふざけて遊ぶって、どんなことして遊ぶの？」

高山『ただの悪ふざけかな。何でそんなこと聞くの』

担任「先生が気づいた時は、岡田君は嫌がっていたよ。岡田君の嫌がることを何か言わなかったのですか」

高山『それはお互い様ですよ。何を言ったか忘れました。

応や他の先生たちに手伝ってもらうことについて事前に確認しておきます。

放課後の校務分掌の会議の欠席、指導を優先します。

2

第2鉄則「事実を調べる」1、

3人いますから事実確認は1人ずつ行います。

3人には口裏合わせをされないように、事前に内容は伝えません。別室で教師付き添いのもと待たせます。

情報源の吉野君のことは言いません。教師が気づいたとでもすればいいのです。

僕が特別嫌がることをしているわけじゃないですよ。そうやってみんなで遊んでいるだけです』

担任「じゃあ、それは先生が岡田君に直接確かめます」

次に、2人目の大谷君を呼んで確認します。

担任「君は岡田君の嫌がることを言ったりしていませんか？ 君の言ったことを正直に教えてください」

大谷『えっ⁈ 数回言っただけですよ。岡田君が先に僕に「ドジ男！ ドジ男！」って大声で何度も言ってきたから、言い返したんです』

担任「君はどんなことを言ったの？」

大谷『「のろま」とか「まぬけ」とか、「くさい」とか』

担任「そうすると、君たちは自分も言われたから言い返しただけということなのかな。高山君は何て言われたの」

大谷『言われたのは僕だけで、他の2人は言われてないと思う。そのことを高山君や岩本君に話してから、始まったはずだから。でも最初に岡田君が言ってきたんです』

第2鉄則「事実を調べる」3

この事実経過の違いは、特に子どもの世界では大きな違いですから、教師の考えや推測を強引に押しつけてはいけません。

担任「君たち3人以外に岡田君の嫌がることを言っている子はいるのかな」

大谷『僕たちは4人で遊んでいることが多いから、それ以外の人は知りません』

3人目の岩本君にも聞きましたが、ほとんど大谷君と内容に違いはありませんでした。岩本君も岡田君に何かを言われたわけではなく、高山君から聞いて自分も言ったということでした。

さて、今度は以上の事実を岡田君に確かめる必要が出てきました。特に、最初に岡田君から始まったことを確認する必要があります。

既に18時半を過ぎていましたが、岡田君の家を訪問して、本人から話を聞くことにしました。

―岡田君の家庭訪問、母親にも事実を説明―

担任「事実に食い違いがあるので、確かめに来ました。今日3人から事情を聞いたところ、相手の3人のうち大谷

第2鉄則「事実を調べる」3

一致しない時は、何度か双方を往復することになりますか

君は自分が先に嫌なことを言われたから、言い返したと言っていますが、どうなんですか」

岡田『えーっ、何か言ったのかな。僕が何て言ったの？』

担任「大谷君は『ドジ男！ ドジ男！』って、君に最初に何回も言われ続けたからだと、言っているけれどどうなの」

岡田『でも、そんなの数回ですよ。それなのに僕は何十回も言われ続けたんですよ』

岡田君は、確かに自分から数回は言ったけど、3人からしつこく言われ続けていることに不満があるようです。

母親は『最初に言ったのはうちの子なんですね。うちのほうが悪いですよ』と理解を示しました。

まだ、双方から事情を聞く必要があるようなので、今日はこれで終了にしました。20時でした。

学校に戻り、高山君・大谷君・岩本君の家に電話をかけ、保護者に現在の状況を説明しました。

ら、1回で事実が確定しなくても構いません。

担任「昨日、クラスの岡田君が3人からからかわれているという訴えが、他の子からあり、お子さんから事情を今日聞きました。からかっている事実があることは認めましたが、友達の大谷君が先にからかわれたからだということらしいです。明日、もう一度双方から事情を聞きたいと思っていますので、お母さんも知っておいてください。細かなことは、また連絡します」

保護者は『もともと岡田君とは仲が良く、今でも仲良しだと思っていたので驚きました』『そんなことをしていたのですか。家では全く友達について話さないので知りませんでした』『うちの子にも言い分がありそうですし、よろしくお願いします』などの話がありました。

それぞれ20分程度、計1時間ほどかかり、22時頃に学校を出ました。報告は明朝にしました。

帰宅後、「記録ノート」をつけました。

第2鉄則「事実を調べる」8

相手の保護者にも連絡をしておきます。それぞれの親の状況把握はまちまちなので、それを踏まえて話します。

6／9（水）

・高山君、大谷君、岩本君、3人から事情を聞く。もともと岡田君から『ドジ男』と大谷君が言われたことから始まったらしい。他の2人は言われていない。

・岡田君、18時30分、家庭訪問。最初の原因になったことを説明。数回しか言ってないのに、自分は何十回も言われ続けていると本人は不満がある。母親は『うちの子が悪い』と。

・高山君、大谷君、岩本君の親に起きていることと現在の状況を電話で説明。

・明日、最終的に4人に事実を確認して指導。

③6月10日（木）放課後　▽事実の確認（その2）△

―朝の学年打ち合わせ―

担任から「からかい」の件について概要を報告しました。

今回の件は岡田君が大谷君などにからかわれているという情報から対応しましたが、岡田君が大谷君に『ドジ男』と言ったことが原因になり、岡田君が大谷君・高山君・岩

第2鉄則「事実を調べる」7

学年の先生たちに報告します。

本君たち3人から逆にからかわれているようです。今日中に事実を確定して指導したいと思っています。

―昼休み、校長室で終わらせ方の相談―

詳しい事実関係を学年主任と学年生徒指導係に説明し、その後の指導を相談し、次のように決めました。

事実関係がまだ違っている。岡田君と大谷君は、双方で言い合いをしたようだが、岡田君はしつこく言われていると言っているが、大谷君は数回しか言ってないと言っている。逆に岡田君は数回しか大谷君に言ってないと言っているのに、大谷君は岡田君に大声で何度も言われたと言っていること、などの違いがあるのでさらに調べる。

もし一致すれば全員の親に連絡し、終わらせ方を相談する。納得の上で、次の指導に進む。方向としては、一方的なものではなく、双方に問題があったので、お互いにどうやって終わらせるかを考えさせる、双方が謝罪し、また前のように遊ぶかどうかは本人たちに任せる、その上で岡田

この回数の違いは無視せずに最後まで聞いてあげることです。

第2鉄則「事実を調べる」11

終わらせ方は保護者の合意が前提です。

君は家庭訪問、他の保護者全員に電話で連絡をしておく、などを決めました。

―放課後、事実の最終確認？―

もう一度事実の最終確認をします。とても細かいことですが、子どもの世界では大事なことです。

岡田君が大谷君に最初に「ドジ男！ ドジ男！」と何回も言い続けたからだと大谷君は言っているが、岡田君本人は数回だと言っていること。また、大谷君から話を聞いた高山君と岩本君は自分は言われていなかったのに、3人でからかい始めたこと、などを確認します。

まず、岡田君を相談室へ呼んで確かめます。他の3人は教師の付き添いのもと別室で待たせます。

担任「岡田君、君が最初に言ったことが原因になって今回のようになったと思うのですが、どう思っていますか。そのことで謝罪できますか」

岡田『う～ん。僕は数回なのになあ……。それに大谷君や

もし、少しでも一致しないことがあれば、またやり直します。

他の2人はそれぞれ何十回も言ってきた』

担任「でも大谷君は、数回ではなく『ドジ男！　ドジ男！』と大声で何度も言われたと言ってるよ。

じゃあね、君の言う数回というのを実際にどう言ったのか、ちょっと言ってみせてよ」

ここから、やや長いやりとりがあります。誰でも自分に都合の悪いことは小さめに言うからです。

その結果、数回というのは、ある日に言って、また別の日にも言って、さらに一昨日も言ったらしいのですが、それを数回と表現したようです。

担任「これではね、大谷君は怒ると思うよ」

岡田『え～。でも僕は3人から無茶苦茶言われたんですよ』

担任「それはわかりますよ。3人に言われたら、さらにすごい数ですよ。でもね、きっかけは君からだよね。しかも、数回ではありませんよね。普通は君がまず謝らないと、相手も謝らないと思うけど、謝らずにやめてもらう

「数回」の間違いをかみくだいて説明するために、また事実関係に戻ります。

子どもの世界ではとても大切なことですから、何時間かかっても明らかにします。

事実関係の調べでは、通常加害側の子どもは自分のやったことを小さくしようとする意識が働くため、額面通り受け取っても、教師の推測を押し付けてもいけません。

第2鉄則「事実を調べる」5

ことができますか。そうすると、もう今後は友達関係は解消するしかないことになりますが、それでいいですか？」

強引に納得させてはいけませんので、この日は終了にしました。他の３人には解決の仕方がまだ決められないことを話して、３人の保護者には今晩担任から詳細について電話連絡すると親に伝えることを頼んで帰宅させました。

―岡田君の家庭訪問、お互いに謝罪を提案―

そのまま岡田君の家に一緒に行って、親と相談することにしました。

担任「学校としては、『一方的なものではなく、双方に問題があったので、お互いにどうやって終わらせるかを考えさせて、終わり方を決めさせる、双方が謝罪する』のがいいと思っていましたが、今日岡田君の気持ちを確かめたところ、自分はたった数回言っただけなのに、無茶苦茶言われたことで素直に謝る気持ちにはなれないようで

この段階でようやくこの「からかい」の問題が、この時期にはよくある「健全なトラブル」だとわかります（図「問題行動の違い」15頁）。

す。ただし、岡田君も大谷君には数回ではなく、かなり言ったことを認めています。もう少し時間がかかるようなので、今日はお互いに謝罪はしませんでした。お母さんはどう思いますか」

母親『私は息子のほうから原因をつくったのですから、少なくとも息子は謝罪しなくてはと思いますよ。父親もそう思っているはずですが、私からも今晩話しますので、待ってください』

担任「わかりました。明日の昼休みに電話をください。できれば土日の前に解決したほうがいいと思いますので」

20時近くでしたが、今度は大谷君の家に家庭訪問で、経過と終わらせ方を相談に行きました。

―大谷君の家庭訪問、お互いに謝罪を提案―

母親と大谷君の2人に話します。

担任「前回は電話でしたが、今回は大谷君のかかわり方が大きいので、直接相談に来ました。本人からも聞いてい

どんな場合でも電話連絡がいけないわけではありません。重要なかかわりをもった子（このケースは大谷君と岡田君）は家庭訪問にするが、他は電話で済ますという軽重があってもいいのです。

ると思いますが」

母親『うちの子は〝最初に言われたから自分も言った〟としきりに言っていますから、自分は悪くないと言い張るんですよ』

担任「子どもの世界ではそうなると思いますが、これではいつまでも続きます。岡田君がまず謝罪すれば大谷君も謝罪できますか？」

大谷『え〜、なんで僕も謝らなくてはいけないのですか。先に言ってきたのは岡田君なのに』

担任「確かに先に言ってきたのは岡田君だけど、君たちは3人でしつこく言い続けたことを謝らなくては。そうすればお互いにこれで終わりにできるのではないですか」

母親『先に言ってきたからといって、いくらやり返してもいいことにはならないでしょう！　相手も謝罪するならあんたも謝罪して終わりにしなさいよ』

本人と母親のやりとりがしばらく続き、大谷君はようや

第4鉄則「事実を指導する」2

「もつれた糸をときほぐす」ように、心にひっかかっていることを説明します。教師の価値観を強引に押し付けたり、相手の言い分を頭から否定してはいけません。

く『うん。わかった。明日岡田君が謝ってくれるなら、僕も謝ります』と納得しました。
21時過ぎに終了して学校に戻り、高山君と岩本君の親に電話連絡をしました。

―関係者に電話連絡―

高山君の母親には「高山君はふざけて遊んでいただけと言っていますが、相手の岡田君はそう受け取らず、とても嫌がっていました。それに高山君は直接岡田君から言われたわけではなく大谷君から聞いただけです。ただ、岡田君が先に大谷君の嫌がることを言ったのがきっかけです。岡田君に謝罪させますから、高山君も謝罪できるかを本人に確かめたいのです。親子で話し合っていただけますか」と伝え、とりあえずここからは親に任せました。
岩本君の母親にもほぼ同様のことを伝えました。
2人の母親には明日もう一度担任が話をすることを伝え、家でも話し合うことをお願いし、明日の昼休みに担任

第2鉄則「事実を調べる」8

関係者の親にはこまめに進捗状況を連絡し、学校側との認識の差が大きくならないようにします。

に電話で連絡をもらうことにしました。
既に22時を過ぎましたので帰宅し、「記録ノート」に今日の記録をしました。

6／10（木）
・昼休み、学年主任と学年生徒指導係と3人で相談。方向は双方に問題があったので、互いに謝罪。
・放課後、事実の最終確認。岡田君は数回しか言ってないと言うが、「数回」ではなく実際には相当。
・岡田君、家庭訪問。本人は謝罪する気になれないことを母親に伝える。母親は本人に話をしてわからせたいとのこと。明日、電話をくれる。
・大谷君、20時頃家庭訪問。謝罪に納得。

④6月11日（金）放課後　▽事実の再確認と指導△
―朝の学年打ち合わせ―

担任から「昨日は指導と謝罪まで終わらせようと思いま

したが、特に3人は自分の問題点がはっきり自覚できていないので、もう一度確認する必要があり、その上で指導をし直し、謝罪等は月曜日に延期する」ことを報告しました。

―学年主任・学年生徒指導係に報告―

ほぼ事実が確定し、双方のトラブルで加害・被害の関係はないことを報告し、この見方でいいかを確認。お互いに謝罪させる方向で進めることで一致しました。

―昼休みに3人の親から電話連絡―

岡田君の母。『息子は謝罪に納得しましたので、お願いします。うちの子が先に言ったのですから』

高山君と岩本君の親も、お互いに謝罪をする方向で進めてくださいとのことでした。

―放課後、事実関係の再確認と指導―

もう一度事実を再確認しました。その上で、「なぜ、こんなことになってしまったのか」「どの場面でどうしていれば、こんなにもつれなかったのか」を考えさせました。

1人でも謝罪に異論があれば強制してはいけません。

第4鉄則「事実を指導する」2

この再確認は謝罪に全員が同意していますので、4人の前で事実を再確認するだけで

その場で約20分ほどの時間をあげました。

岡田『最初はふざけて遊びのつもりだったけど、僕が最初に嫌なことを言って原因をつくってしまったと思います』

大谷『確かに先に言われたけど、何回も3人で言っていたので、おもしろくなってやめられなくなってしまった。もっと早く気づけば良かった』

高山『僕は直接言われたわけじゃないのだから、やめさせるほうにならないといけなかったと思います』

岩本『何も考えずに遊んでいるつもりでした。岡田君が嫌がっていることに気づくべきでした』

担任は「ようやく終わらせることができますね。それぞれの反省点を忘れずに生活することです。今後はからかい合ったりして嫌な思いをしていないか、よく観てますよ」と締めくくりました。

「月曜日はお互いに謝罪をして終わらせたいと思います

す。中心は指導です。一緒に「なぜ、こんなことになってしまったのか」「どの場面でどうしていれば、こんなにもつれなかったのか」「今後はどうしたらいいと思うか」などを考えさせます。

が、帰宅してそれでいいかを親と相談してきなさい」

―4人の家庭に終わらせ方を相談―

その後、全員の家庭に終わらせ方を電話で相談しました。それぞれの子の反省点を伝えて、親の考えを確かめます。「学校としては、それぞれ反省もしていますから、月曜日にお互いに謝罪をして終わらせてはどうでしょうか」と提案しました。どの親も賛成してくれましたので、その後もしばらく見守りをすることを伝えました。

―学年主任・学年生徒指導係に報告―

19時過ぎに、学年主任・学年生徒指導係に報告しました。

4人とも妥当な反省が言えたことや、全員の親が謝罪に同意してくれたことを伝え、ようやく終わらせることができそうだと報告しました。22時過ぎに帰宅。

「記録ノート」に今日の記録をしておきました。

第4鉄則「事実を指導する」7

「終わらせ方」は保護者の合意が大前提ですから、トラブルの内容によっては家庭訪問によって複数で対応します。

第5鉄則「指導の結果を確かめる」1、2

この種のトラブルは、繰り返されることが多いので、指導後もしばらく様子を見ているようにします。

6／11（金）
・昼休み、岡田君、高山君、岩本君の親から電話。謝罪の方向。
・放課後、事実関係の再確認と指導。それぞれ反省する。
・家庭に連絡し相談。お互いに謝罪で終わらせることに合意。月曜日、謝罪。

⑤6月14日（月）放課後　▽謝罪△

―朝の学年打ち合わせ―

指導の結果、4人とも反省点を言い、親も同意しましたので、今日お互いに謝罪し終了します。この種のことは繰り返されますので、今後も見守っていきたいと思います。

―放課後、謝罪―

相談室で謝罪の会を開きました。事実の確認などは既に何度か確認しながら進めてきたので、しませんでした。

金曜日の4人の反省点をもう一度言ってもらい、担任からは「今後も嫌なことがあれば相談してください。学校は必ず今回のように取り上げて対応しますから」と。学年主任は「今回はお互いに言っていましたが、経過によっては『いじめ』ということになるところでしたよ。今後の様子も見ていきます」という趣旨の話がありました。

―放課後、学年主任・学年生徒指導係に報告―

お互いに謝罪し、反省点もしっかり言えたので、終了にしていいと思います。全員の親にもこの終わらせ方の方向性で合意をもらっています。

―4人の家庭に連絡―

夜、全員の家庭に連絡し、謝罪が済んだことを報告しました。4人の様子は見守っていきますから、もしまた続くことがあれば、すぐに対応することを伝えました。

「記録ノート」に今日の記録をしておきます。

6／14日（月）
・放課後、お互いに謝罪。　・4人の家庭に終了の報告。
・明日、学級への指導をする。

第2鉄則「事実を調べる」7

第2鉄則「事実を調べる」8

今後も見守っていくことを伝えます。

翌日、朝の打ち合わせで謝罪まで終了したことを報告し、協力してくれたお礼を言いました。

⑥6月15日（火）
―朝の学活で学級への指導―

今回の「トラブル」について、ほとんどの子どもは、詳しいことは知らなくても、「一体どうなったのかな」「あの子はもうしなくなるのかな」などと、みんなが注目しています。

内容や関係した子の名前を言う必要はないですが、担任は「学級内のトラブルに対応する」という姿勢を示すために、「最近、トラブルがありましたが、無事解決できました。人の言動というのは思いがけないことを生むものですね」などと触れておきます。

一連の経過などは、きちんと保存しておきました。

第6鉄則「学級・学年全体への指導はどうするか」3

第7鉄則「指導の記録をする」3、4

2 「いじめられる」

放課後、春田さんの母親から「娘がクラスで、3人からいじめられているのではないか」という相談がありました。娘には「先生に話すと余計に酷くなるし、先生が言っても自分たちがやっていることを認める子たちじゃないから言わないで」と言われたようですが、このままにしておくことはできないため、相談してきたようです。

母親は「私の娘にも悪いところがあったのかもしれませんが、もともとは仲良く遊んでいたので……」と解決を望んでいます。名前を聞き、確かにこの3人は厄介だと思いました。簡単に認める子たちではないからです。学級で起きたトラブルは、担任が対応するという風潮の強い本校では結局、私1人に任せられました。

（金子優香・女性32歳）

①11月5日（水）放課後　▽トラブルの発見△　……　第1鉄則「情報をとらえる」3

春田さんの母親から電話があり、角井さん、山西さん、「いじめられている」という村野さんの3人からいじめられているとの相談がありました。春田さん本人の了解がないので知られないように対応するため、母親に来校してもらい話を聞きました。

母親『本人の話だと、4人は仲良しグループだったのに、半年程前から急に「あっち行ってよ」「寄らないで」などと避けられるようになり、最近では「死ね」「消えろ」とまで言われるようになり、もう耐えられなくなってきたらしいのです。

本人には思い当たることがなく、最近は近寄らないようにしているのですが、同じクラスなので、すれ違うため毎日のように言われるようです』

担任「なるほど。言われている内容はもちろん、なぜそうなったのかがわからないのですから、つらいですよね。わかりました。お母さんの相談ではなく、見ていた者からの訴えがあって私が取り上げたということにします」

その後、明日の対応方針を考え帰宅し、記録しました。

訴えであっても、事実がわかるまでは「いじめ」として対応してはいけません。事実が違えば一時的にせよ、「加害者」とされる子が出ます。

訴えの内容については、担任の考えや思いは述べて構いませんが、あくまで「それが事実なら」ということです。

11／5（水）
・放課後、春田さん母と会う。・半年前から角井、山西、村野の3人から「嫌なこと」を言われてつらい。・「あっちへ行ってよ」「寄らないで」と避けられる。
・最近では「死ね」「消えろ」。・本人は先生に知られたくないと希望しているので、担任にある生徒から訴えがあったとして事実を調べる。

②11月6日（木）放課後　▽事実の確認（その1）△

―朝の学年打ち合わせ―

昨日の春田さんの母親の相談を報告し、今日、事実確認したいことを伝え、春田さん本人は担任が聞き、残り3人は別々に同時に聞くという方針を了解してもらいました。

―昼休み、学年主任・学年生徒指導係と打ち合わせ―

別々に同時に聞く体制と聞く内容を確認し、された言動とした言動をまず確かめるように決めました。留意点は情報源が春田さんの母親であることは言わず、見ていた者が担任に相談してわかったとしました。事実を確認するだけ

第2鉄則「事実を調べる」1

簡単に事実が確認できないと予測される時は、体制をとります。

本当の情報源は言ってはいけません。見ていた者の名前も

ですから、叱ったり指導したりはしません。

―放課後、事実の確認―

相談室では、担任が春田さんから聞きました。

担任「ある人から、君が角井さん、山西さん、村野さんから嫌がらせを受けているらしいという訴えがありました。気がつかなくて先生も悪かったのですが、何とか解決したいので、されたことやされる理由を教えてくれますか?」

春田『仕返しが嫌なんですが……。約束を破ったりした私も悪かったんです。でも、最近は耐えられなくなってきました。「寄らないで」とか「死ね」とか言われます』

されていることは、母親から聞いた内容と同じでした。かなりの時間がかかりましたが、もし仕返しがあればすぐに対応すること、相手の親にも相談すること、なくなるまで何回でも対応することを約束した結果、学校が指導することに合意しました。

言う必要はありません。

この時点で「もし、事実なら毎日耐えていたなんて嫌だったでしょう。何とかします」などと教師が言うのは当然です。言わなければ頼りにならない先生だと思うでしょう。

A先生は、角井さんから聞きました。

A先生「君は春田さんに嫌がることを言っていませんか」

角井『私たちは半年くらい前から一緒にいないから、何もしていないです。誰がそんなこと言ったんですか？』

A先生「それは言えませんが、君たちが春田さんに言った言葉を聞いたという子がいるんですよ」

角井『勘違いか聞き間違いですよ。私たちはしてませんよ。きっと遊んでいて別の子に言った言葉を勘違いしたんじゃないですか？』

山西さんや村野さんも、同時に聞いてもらった結果、角井さんと同様なことを言いました。

この日は「君の言い分はわかったので、今後のことは学校側が検討し、また話を聞くと思います」と終了しました。

それぞれ1時間半くらいかかりました。

―放課後、事実の確認の打ち合わせ―

放課後、学年主任・学年生徒指導係・聞き取りにあたっ

この段階では「ウソを言うな」などと叱ったりしません。事実を調べることが目的です。

第2鉄則「事実を調べる」3

不一致なので周囲にいた子か

た先生たちで事実の突き合わせをしましたが、全く一致しないので、もう一度調べ直すことを決めました。学級で見ていた子や聞いていた子を捜すことにしました。

―4人の家庭を訪問―

18時半頃から、4人を家庭訪問しました。春田さん宅にまず行き、経過と進行状況を説明しました。

担任「事実が全く一致しなかったので、明日以降、目撃者を捜して調べます。そこで教えてほしいのは、言われた時に近くで誰か聞いていなかったかです」

春田『何人も聞いているはずですが、小沢さんなら座席の関係で何度も聞いているはずです』

他の3人の家庭では、概ね次のように話しました。

担任「お子さんから聞いているかもしれませんが、放課後、春田さんに嫌がることをしていないか聞きました。学級のある子から相談があってわかりました。角井さん、山西さん、村野さんの3人ですが、本人たちは否定してい

ら事実を確定します。

学校として事情を聞いたのですから、そのまま放置してはいけません。事実はどうであれ、普通は親はみな心配しているはずですから。

小沢さんのことを春田さんから聞いたことは、言わない約束をします。

ます。言ったことはあるが、春田さんにではなく遊んでいて別の子に言ったのを勘違いか聞き間違えたのではと言っています。これだけ違うと第三者から聞いて調べる以外はありませんので、ご承知おきいただけますか。お母さんからも本当になかったか聞いてみてください。うっかりとかケンカになって言うこともありますから」とお願いして、帰宅しました。
既に、21時半を過ぎていました。記録をしました。

11／6（木）
・昼休みに学年主任、学年生徒指導係と打ち合わせ。　・放課後、分担して事実確認。
・18時半頃から、４人の家庭を訪問。経過と結果を伝える。
・明日は、学級の小沢さんから事情を聞く。

③11月7日（金）放課後　▽事実の再確認（その2）△
—朝の学年打ち合わせ—

昨日の結果と今日の方針を説明しました。春田さんの言う事実と他の3人の言う事実が全く違い、今日は知っていると思われる小沢さんから話を聞きます。

―放課後、現場を見ていた小沢さんから聞く―

担任「突然で驚いたでしょうが、これから先生が聞くことはとても大切なので、知っていることを教えてほしいのです。名前は出しませんから、絶対に迷惑はかけません。春田さんが、角井さん、山西さん、村野さんたちから仲間外れにされたり、嫌なことを言われたりしているのを見たり聞いたりしたことがありますか？」

小沢（少し、迷って）『私、春田さんの座席に近いし、狭い教室ですから知ってます。結構、何人も知ってますよ』

担任「春田さん以外の子に言ったのを聞き違えるということは……」

小沢『ないです。本人の耳のそばや目の前で言ってますよ』

3人の言動は、春田さんが言ったことと同じでしたの

第2鉄則「事実を調べる」4

第三者を捜します。誰にも知られないようにします。内容は他の者にも言わないようにお願いします。

で、他にも知っている子が5人ほどわかりました。

―現場を見ていた子を家庭訪問―

事実はわかっても、加害者（と思われる）3人が認めなければ指導は進みません。さらに2人ほど家庭訪問しました。母親に事情を話し、教えてもらった5人のうち、話してもらえそうな内田さんと北林さんの家に行きました。

19時過ぎに内田さん、21時過ぎに塾から帰ってきた北林さんを訪問。2人には「名前は絶対に出しません」と約束した上で、春田さんがされていることについて聞きました。2人共、母親の協力もあり話してくれました。

『3人の誰が言ったのかはわかりませんが、廊下ですれ違いざまに「死ね」と言っていました』『トイレで待っている時に「あっちに行け。寄るな」と言うのも聞いた』

夜遅くになっての家庭訪問を謝罪し、22時過ぎに終了しました。

帰宅し「記録ノート」を書き、月曜日の方針を考えました。

知っている子がもっといないか聞いておきます。

第2鉄則「事実を調べる」7

本来、このレベルは学年主任や学年生徒指導係が主導して方針を立てるべきです。

11／7（金）
・放課後、小沢さんから聞く。春田さんと同じ。
・19時過ぎに内田さん、21時過ぎに北林さんを家庭訪問。2人共、小沢さんと同じ。
・月曜日は角井さんたち3人から、別々に同時に聞いて事実を再確認する。

④11月10日（月）放課後 ▽事実の再確認（その3）△

—朝の学年打ち合わせ—

金曜に小沢さんら3人から聞いたところ、間違いなく嫌な言葉を言っていることを確認しました。今日は角井さんたち3人から、別々に同時に聞いて事実を確認するつもりですが、放課後分担して事実の確認をしたいと思います。

その上で、対応した先生に集まってもらい事実を確認します。これ以上事実が一致しない場合は新たに考えます。

—放課後、事実の再確認—

角井さんには、担任が対応しました。

担任「君たち3人は、春田さんに言ってないと言っていま

別々に同時に聞く体制をお願いします。

対応する先生には、情報源の生徒の名前は言わないことも確認しておきます。

すが、その現場を見ていた子たちに確かめました。その子たちは『間違いなく春田さんにわかるように言っている』と言っていますが、それでも言っていませんか？」

角井『誰が言ったんですか？　そんなことしてません』

担任「名前は言えませんが、何人かに確かめていますよ」

角井『その子たちのはウソじゃなくて、私のはウソなの？』

担任「見間違えや聞き間違えがないかも確かめましたが、見ていた子たちは、間違いないと断言しています」

角井『私も春田さんに言ってないと断言してるんです』

こんなやりとりが延々と続き、やむなく打ち切りました。他の2人も概ね同じですが、村野さんだけは『春田さんに言ったのではないけど、他の子に言ったのが聞こえたというのはあるかも』と少しずつ変わってきたそうです。ここまで1時間半はかかり、限界と判断し終了しました。

―放課後、事実の再確認の打ち合わせ―

17時から学年主任・学年生徒指導係・聞き取りにあたっ

本当のことを言うまで延々と問い詰めることはしてはいけません。あくまでどっちが本当なのかは、わからないという立場です。

た先生で事実の突き合わせをしましたが、結局1人も一致しませんでした。これ以上やっても押し問答になるだけと判断し、事実の確認は終了することにしました。

―担任に苦情の電話―

打ち合わせ中の18時頃に角井さんの母から、苦情の電話がきました。

母親『娘は「担任の先生は私の言うことは信用せず、他の子の言うことばかり信用している」と不満をもっています。目撃者まで捜して、「春田さんに言ってないか」と問い詰め、不公平で決めつけている感じがするのはどういうことでしょうか』と抗議ともいえる内容でした。

担任「学校側としては事実がこれだけ違うと、第三者を捜して事実を明らかにするしかありません。決して角井さんがウソを言っていると思っているわけではありません。実際、今も先生たちと協議していたのですが、これについては事実がわからないとして終了すると話し合っ

第2鉄則「事実を調べる」9

事実が不一致の場合です。基本はあくまでも学校側はわからなかったという立場です。

ていたところです。明日はそういう指導をして終わらせることになります」と説明しました。

―学年主任・学年生徒指導係と対応や方針の打ち合わせ―

事実が不一致のままで指導することにしました。事実が不一致でも指導はしなければいけません。

3人を一同に集めて、担任、学年主任が話をします。特に今後の様子を見ていくことを伝えました。もしウソを通したならば抑止力になるはずです。

―家庭訪問と電話連絡―

19時半、春田さん宅に家庭訪問をしました。

担任「残念ながら3人は認めず、別の人に言ったと主張しています。目撃者を数人見つけて聞いたところ、春田さんの話と一致していましたが、それでも認めてもらえませんでした。学校としてはここまでが限界です」

母親『そこまでしても認めないのでは仕方ないですね』

担任「嫌がらせが継続したり、さらに陰湿になったりしな

経過は詳しく話します。学校の取組を知ってもらうためです。

いように、その後も様子を見ていきますから、何かあればすぐにご連絡ください」

山西さんと村野さんへは電話で同様の内容を連絡しました。山西さんの親は『娘は「寄るな」というのは言ったりしているが本人には言ってないらしいです』と対応にやや不満を表明していました。村野さんの母親は『娘も言ってないと言うのですが、「近くにいれば自分が言われたと思うかも」と、そこは反省しているようです』と他の2人とは少し違うようです。

担任「今後も見守りますのでよろしくお願いします」

全て終了したのは21時半。帰宅し記録をしました。

11／10（月）

・3人から、別々に同時に聞いて事実を再確認。3人共、基本的に認めない。

・放課後、事実の再確認の打ち合わせ。

・学年主任・学年生徒指導係と対応や方針の打ち合わせ。

第5鉄則「指導の結果を確かめる」1

その後も見守ることは、被害を受けた側は安心し、加害者と思われる側には抑止力が働きますから、必ず双方に強調して伝えます。

・18時頃、担任に角井さん母から電話。「娘は担任が信用してくれない」と不満。
・明日の指導の内容を考える。　・19時半、春田さん、家庭訪問。山西さんと村野さんは電話で連絡。どうしても事実が一致しないことを伝える。21時半終了。

⑤11月11日（火）放課後　▽指導△

―朝の学年打ち合わせ―

今日は事実が不一致のままで指導し終わらせることを報告しました。詳細については昼休みに関係者で打ち合わせをし、放課後、春田さんは担任が、3人は一同に集めて学年主任が話をします。その後、担任も参加し終わらせます。

終了後は4人の各家庭に担任から電話で報告します。

―昼休み、学年主任・学年生徒指導係と打ち合わせ―

第三者が見たり聞いたりしていることから、おそらく「嫌がらせ行為」はあったと思われますが、認めない以上は「わからなかった」という立場で指導することを確認。

―放課後、4人に話をして指導する―

担任は、春田さんには「事実が一致しなかったけれど、君が言われたことが、もし事実なら許されないことです」とはっきり伝え、今後も同じことがあれば、もっと早く対応することを約束します。3人がウソを突き通しているなら、通常はここまで取り上げれば、多分しなくなるはずです。明日からに注目しています。もしまた起きたら、すぐに対応しますから、教えてください。

3人には、学年主任が「君たちがそこまで否定するので、それを信じます。今後は聞き間違えられたり勘違いされたりするような紛らわしい言動には気をつけてください」

このような趣旨の話をして終了しました。

―保護者に終了の電話連絡―

春田さんの母親は、事実がわからなかったという学校の立場を理解してくれました。加害者（と思われる）の3人の親は、それぞれ微妙に反応は違いましたが、この件については終了することに同意してくれました。

「事実が一致しないと指導できない」ということは、ありません。もちろん、明快な指導はできませんが、被害者には支えになり安心してもらい、加害者の言動を抑制することができます。

11／11（火）
・昼休み、学年主任・学年生徒指導係と打ち合わせをして、話や指導の視点を決める。あくまで事実は一致しなかったとする。　・放課後、4人に話をして指導する。
・4人の親に電話連絡。

⑥11月12日（水）放課後
─朝の学年打ち合わせ─

指導が終了し4人の親も了解しました。今後も様子を見ていきますので、先生たちの協力をお願いします。

─朝の学活で学級への指導─

「クラスで嫌な言動があったかどうかというトラブルがありました。くれぐれも勘違いしたり、勘違いされたりする言動には気をつけてください」

担任が対応したことがわかればいいのです。事実は子どもたちのほうが知っていることが多いからです。

一連の経過などはきちんと保存しておきました。

第5鉄則「指導の結果を確かめる」2

しばらくは、春田さん本人からその後の様子を聞きます。

第6鉄則「学級・学年全体への指導はどうするか」3

細かな経過は話せません。

第7鉄則「指導の記録をする」3、4

中学校や高校における校則は、現状では重要な意味をもっています。

その指導にかける時間も莫大です。

しかも、その校則指導は生徒指導のあり方を左右します。

校則がまずあって、その上で生徒指導のあり方を考えるのはおかしくないでしょうか。

第3章

「校則」と「生徒指導」のあり方

1

なぜ細かい校則・決まりが多いのか

「ブラック校則」が社会問題になっていますが、細かな校則やその厳しい指導のあり方は、既に30年以上も前から時折、社会問題となってきました。また、少なくない教師はその校則の内容や指導のあり方をめぐって疑問をもちながら、悶々として指導にあたっていたというのが実際のところです。校則問題は単に校則だけの問題ではなく、学校づくりや学級づくりにかかわる極めて重大な問題です。

社会問題になるたびに、文科省は見直しの通知などを出し、多くの学校では見直しがなされ、校則の数は減り指導も緩やかになります。ところが、やがてまた細かな校則や厳しい指導に戻るということを何度も繰り返してきました。

本章では「なぜ細かい校則・決まりが多いのか」について、そうなってしまう学校現場の事情を検討し、そうなるのは生徒指導のあり方からくることを明らかにしたいと思います。生徒指導のあり方を変えない限り、何度見直しをしたところで、数年経つとまた元に戻ってしまうでしょう。

細かい校則の〝宿命〟

学校の規則や決まりには〝宿命〟があります。違反かどうか判断するには基準が必要となりますが、多くのものは明確な数値で示すことができません。すると、だんだん細かくならざるを得なくなるのです。

例えば、「中学生らしい髪型」としたとすると、髪の形・色・長さが問題になります。そうしないと教師によって違いが生じ、統一した指導ができなくなるからです。

こうして、「形」も「色」も「長さ」も決めなければならなくなります。

服装やカバンや持ち物の規定も同じです。何か基準を示せば、必ず判断に迷うギリギリの境界線があります。それを嫌うならば、さらに細かくしてより明確にするか、問答無用で厳しく指導するしかなくなるのです。

このように規則というのは、常にあいまいさを伴うものであり、法律でさえたくさんあります。

この宿命的なあいまいさを伴いながら、教師集団が統一的な校則指導をしようとするなら、校則はいきつくところまで細かくなるか、問答無用の厳しい指導になるのは当然です。

そのため、社会問題化するたびに見直しを行っても、教師の入れ替わりもあり、時が経てば見直した時の精神は忘れられ、繰り返されることになります。

なぜなら、ここには生徒指導のあり方が問われる根本的な問題があるからです。この根本的な問題を問わずに、校則の見直しを行っても、繰り返すだけです。

生徒指導のあり方を変える

なぜ学校現場はあいまいな基準を嫌うのでしょうか。まず、このことを検討します。

その考え方の根底には「荒れている生徒は服装が乱れている」という事実を取り違えて、「服装の乱れは心の乱れ」という「校内暴力」期の中学・高校の教師なら誰もが知っている有名な〝名言〟と同一視するためです。

「服装の乱れた生徒を放置しておくと、心の乱れた生徒が増え、やがて学校は荒れてしまう」という呪縛に捕われているため、服装指導に全力をあげることになります。ですからあいまいな基準を嫌うのです。荒れた生徒の服装は乱れていても、乱れた服を着ている子がみな荒れるわけではありません。

この呪縛に捕われている限り、どんなに校則を見直して簡素化したところでまた元に戻るだけです。

本来、服装の乱れは心の乱れからくるものであって、服装が乱れたからといって心が乱れるわけではありません。いつのまにか「服装の乱れは心の乱れになり、荒れた生徒になる」という意味で言い伝えられてしまっただけです。

思春期にはちょっとやってみたかったなどというしゃれっ気や、目立つ格好をしてみたかったなどという一過性の思いは、誰もが経験したことがあるはずです。しかし、その生徒は心の乱れた荒れた生徒には必ずしもなりません。

少しだらしのない服装の乱れた大人を見て、心の乱れた人だとは必ずしも判断しないでしょう。

服装の乱れは心の乱れからくるものであり、服装の乱れが心の乱れにつながるわけではありません。指導すべきは服装の乱れではなく、心の乱れのほうです。そうすると生徒指導のあり方を変えなくてはいけないことになります。現在の多くの学校の生徒指導が服装や頭髪の指導になっているからです。

このことに言及する前に、この間違った〝名言〟による生徒指導の弊害を指摘しておきます。一見、本書の趣旨からはそれるように思われますが、いまだに教師の中には「しかし、落ち着いた学校をつくるためには、細かな校則や厳しい指導もある程度はやむを得ないのではないか。そうしないと学校は荒れてしまう」と思い込んでいる教師がいるからです。

もちろん、私自身もそうであったように、この生徒指導は長年の学校現場の基本的スタイルですから理解できます。しかし、細かな校則や厳しい指導に頼って学校を守ろうという生徒指導は、結局のところ、学校を守れないことを知ってほしいのです。

厳しい「校則指導」は、「指導の二重構図」を生む

この細かな校則やその厳しい指導を徹底すればするほど、校則の指導には二重の基準ができてしまいます。どういうことでしょうか。

例えば、服装や髪型に違反した生徒は、直すまで教室に入れずに自宅に帰すか、直すまで特別室で過ごさせる、という措置がなされることが多いです。これは、教師が〝この違反を許せば学校は荒れる〟という信念をもっているのですから、そうならざるを得ないのです。絶対に荒れた学校にしたくないという真面目な信念が図らずもそうさせるのです。

この指導は「落ち着いた学校」として通用している間はまだ良いのですが、何らかの理由で荒れ始めると学年が進むにつれて従わない生徒が出てきます。どうやっても違反を直さないのですから、ついには打つ手がなくなります。

すると校内には、指導に「従っていない一部の生徒」と「従っている多数の生徒」が併

存します。つまり、この校則指導は破綻しているのですが、この状況でもより厳しい指導に向かうことがほとんどです。「何としても、荒れさせたくない」という意識がはたらくため、いっそう厳しく徹底しようとするのです。

この段階で教師には困ったことが起きます。1人の教師の指導が、真面目な生徒やおとなしい生徒には厳しく校則を守らせますが、一部の荒れた生徒には事実上、大目に見ざるを得なく、違反のままになるという不公平な指導が生まれることになります。簡単に言うと、違反していないA君には厳しく守らせるが、同じく違反しているB君には認めるという二重の基準が生まれるということになります。

やがて、指導に従っている真面目な一般生徒の目には、「オレたちおとなしい生徒には厳しいのに、怖い生徒には甘い。先生たちはだらしがない」と映ります。その不満や不公平感は教師集団に向けられ、荒れた生徒たちの教師への反抗を心の中で応援するようになります。学校全体が荒れていく時に、よくある典型的な現象です。

激しく荒れた学校の多くが、荒れ始めた理由の一つに、この「指導の二重基準」（私は「指導の二重構図」と呼んでいます）をあげています（↓「手引き」⑭）。

なお、学校によっては指導に「従っていない一部の生徒」には細かなことでもより厳しく、指導に「従っている生徒」にはあまり細かなことは要求しないという、逆の二重基準になっている学校もあります。逆のパターンですが、今度は「従っていない一部の生徒」が不満や不公平感をより強く抱き、問題行動はエスカレートすることになります。荒れている生徒に〝大義名分〟を与えたことになり、荒れはさらに激しくなります。

また、この厳しい校則指導というのは、強面の教師など特定の教師にしかできないという欠点がありますから、〝厳しく〟指導できず突破されてしまった教師は、「指導力のない教師」「あの担任の学級から荒れが始まった」などという批判にさらされ、教師集団の一致した指導はとても望めなくなります。

結局、細かな校則やその厳しい指導に頼って学校を守る、という生徒指導は転換せざるを得ないのです。

どのような指導に変えればいいのでしょうか。それは「わけを探る」指導です（↓「手引き」③）。

ところで、服装や髪型の校則そのものは、どうすればいいのでしょうか。それは「本人が決める」とするのが最良です。もちろん、集団生活に必要な約束事（校則、決まり、ルール）は、あって当然です。その大半は理に適ったものですから、生徒は納得するでしょうし、違反して厳しく叱られても生徒の心は教師集団から離れないものです。尊敬する人に叱られたら、「自分が悪かったのだから仕方がない。見捨てられないようにきちんと守ろう」という心境になるのと同じです。

しかし、「本人が決める」とするのには、長い間細かな校則のもとでやってきた教師には、きっと抵抗があるはずです。どうしてもできないのであれば、せめて「一時棚上げ」にするという考え方をおすすめします。ただし、これは折衷案なので、やりにくさがあります（→「手引き」⑮）。

例えば、服装違反の生徒がいても、これを直させることを優先せずに「一時棚上げ」にして、後述する「わけを探る」指導をします。「違反の服装は直させる」という学校としての方針があるにもかかわらず、「一時棚上げ」にしておくのですから、一時的に相反する方針が存在することになります。そのため指導はやりにくいのです。

それでも「わけを探る指導」によって、生徒に変化が現れると「一時棚上げ」の方針は教師集団に定着します。なぜなら、「服装や髪型の違反は認めない」という厳しい校則指導から生まれるものは、教師と生徒の間の対立と不信感しかないからです。

もちろん、「一時棚上げ」中であっても、教師が「その服は似合わないよ。私は嫌だね」などと思いを伝えたりすることは大いに構いませんが、直すまで指導を続けるということはしないのです。

もし、一過性の違反であればほどなく直すでしょうが、多くは「わけ」があってそういう格好をしたのですから、まずその「わけ」を探ることのほうが先ではないでしょうか。

「わけを探る」とは

私は、「細かく厳しい校則指導をなくすために生徒指導のあり方を変えよう」と言っているのではありません。校則指導で学校を落ち着かせる（荒れた生徒を出さない）という生徒指導のあり方自体が、そもそも間違っているため、必然的に細かい校則や厳しい指導になってしまうのだと言っているのです。

しかし、「わけ」を探って心の乱れを指導できるものでしょうか。人の心の中など簡単に知ることなど到底できません。

先述の服装違反の生徒ならば、まず本人の考えや思いを聞くことから始めます。「格好がいいから」「A先輩に憧れているから」「校則に従いたくないから」などと何かを言うでしょう。否定せずに、その何かを会話のきっかけにすればいいのです。一度や二度では何もしゃべらないかもしれません。

「この服を着てきたことをお母さんは知っているの？」などと聞いて、「お母さんは知らないよ」などと返ってきたらしめたものです。これが家族問題を知るきっかけになるかもしれません。思春期の問題は100％家族問題といっても過言ではないからです。ここから家族への不満や問題が明らかになってくることも少なくないのです（→「手引き」⑯）。

しかし、家族の問題がわかったからといって、教師が介入したりすることはできませんし、そもそも解決のできない問題かもしれません。

それでもいいのです。この「わけを探る」取組の中で、教師との信頼関係が増すからです。叱るために話しかけてくるのではなく、オレのことを見捨てていないからだ、自分のことを本気で心配してくれているのかも、という感情をもってくれるようになるからです。

この取組の過程で親も巻き込むことができれば、なおさら効果はあがります。荒れた生徒というのは、一般的に親から相手にされていない、見捨てられているという感情を抱いていることが多いからです。

また、生徒は家庭や学校への不満や不安を吐露することによって、気持ちの整理もできてスッキリします。大人でも外で嫌なことがあり、その怒りを家族に聞いてもらったらスッキリしたなどということがありますが、心の中を吐き出すことは健全な精神を保つのに有効です。

これらの取組には時間がかかりますが、確実に問題行動は抑制されますから、結局は早道なのです。

思春期の問題行動は「見捨てられたくない」「認められたい」「目立ちたい」「仲間がほしい」などという本能的欲求が満たされないために現れると考えられます。実際、私が接してきた多くの荒れた少年たちは、ほぼ例外なく当てはまりました。

それならば、荒れてから取り組むのではなく、日常の教育活動の中で計画的に取り組むことが大事です。学級活動や行事などは、その絶好の場です（→「手引き」⑬）。

例えば、行事で活躍できる場があれば、級友に認められるでしょう。大いに目立つこともできます。気の合う仲間もできるでしょう。

しかし、活動のない学校や学級には欲求を満たすチャンスはありません。家庭内にもなければ、近くの溜まり場に行き、深夜徘徊に向かうことになり、やがてれっきとした非行少年に成長していくのです。

細かく厳しい校則指導に使うエネルギーがあるなら、そのエネルギーを「わけを探る」生徒指導に転換してはどうでしょうか。

細かい校則は、増やしたくなくても多くなってしまいます。毎年、年度末の「学校評価」では校則指導が徹底できている教師から指導の徹底が叫ばれ、徹底できない教師からはあいまいさが指摘され、また校則は細かくなります。この議論には結構な時間が浪費されますが、そこからは何も生まれません。

しかも、校則指導の徹底を主張する教師も、落ち着いた学校をつくろうという真面目な発想からくる場合が多く、批判もしにくいのです。さらに、かつてそれでうまくいったという成功体験があると、余計に細かな校則をなくしてしまうことには抵抗があります。

校則についての議論は、学校全体の生徒指導のあり方と切り離してはできないのです。

「ダイバーシティ教育」や「インクルーシブ教育」との矛盾

最後にダイバーシティ（多様性）とかインクルージョン（包括）などが叫ばれていますので、校則との関連を述べておきます。多様性を認めて受け入れることです。

「校則」と全く別の問題として考えるわけにはいきません。細かい校則と厳しい指導をしながら、「ダイバーシティ教育」や「インクルーシブ教育」を高らかに謳ったところで、それは絵に描いた餅と同じではないでしょうか。

服装にも頭髪にも自由がなく、ダイバーシティを尊重しますというのは、おかしな話ではありませんか。外国籍の子どもたちが増えている今、そして今後はその外国人の労働力に頼らないと成り立たない日本の国で、インクルーシブ教育はますます問われます。

そんな時に服装、髪の色、アクセサリー、通学カバン、持ち物などに細かな規則を設けることなど、どれほどの意味があるのか、私はとても疑問です。

2

「消極的生徒指導」に〝積極的〟に取り組む

「消極的生徒指導」の中に、「積極的生徒指導」の萌芽がある

みなさんは次のような用語を耳にしたことがあるでしょう。しかも、生徒指導の本には必ず最初に出てくる用語です。代表的なものは次の二つです。

・「積極的生徒指導」と「消極的生徒指導」

さらに、次のような3つの用語もあります。

・「開発的生徒指導」「予防的生徒指導」「問題解決的（問題対応型）生徒指導」
・「成長を促す生徒指導」「予防的生徒指導」「課題解決的な生徒指導」

加えて、この「予防的生徒指導」にも二つあるといいます。

・健全育成型の「教育的予防」の生徒指導、問題対応型の「治療的予防」の生徒指導
・「育てる生徒指導」「防ぐ生徒指導」「治す生徒指導」

文科省『生徒指導提要（改訂版）』では、

・「発達支持的生徒指導」「課題予防的生徒指導」「困難課題対応的生徒指導」

としていますが、さらに対象生徒の違いから「課題予防的生徒指導」は「課題未然防止教育」と「課題早期発見対応」に分け、４層構造としています。

実によくもいろいろな名前をつけたものだと感心しますが、私は「育てる生徒指導」「防ぐ生徒指導」「治す生徒指導」で十分だと思っていますので、ここでは必要に応じて使うことにします。シンプルで的を射た用語です。

そしてこれらの用語の解説の続きには、決まって、生徒指導は「積極的生徒指導」（または「開発的生徒指導」「成長を促す生徒指導」「教育的予防」の生徒指導、「育てる生徒指導」「発達支持的生徒指導」など）こそが本来の生徒指導であり、学校現場は「積極的生徒指導」に転換しなければ、いつまでも問題の対応に追われ続けることになる、と説明され

ています。

あるいは、起きた問題行動に対応するだけの生徒指導は、「課題解決的な生徒指導」とか「問題対応型の生徒指導」といって「消極的生徒指導」とされています。その対極にあるのが全ての児童生徒の個性の発見や伸張、社会性の育成を目指す「積極的生徒指導」です、などと説明されています。

しかし、この決まり文句のような解説に、私は違和感を覚えます。

これらの用語や解説は、教員採用試験の必須事項だと、ある大学の教職課程で教えていた時に、受講していた学生が言っていました。そこで私はこう言いました。

筆者「そんな言葉だけ覚えても（たとえ理解しても）意味がないですよ。さあ、積極的生徒指導を始めようと思っても何から始めればいいの？ 教師になったら、すぐに直面するのは問題行動の対応です。まず、これに強くならないとね」

学生「それが『消極的生徒指導』でダメなんです、と言っているんですよ。それに、知らないよりはいいと思いますが？」

筆者「まあ、マイナスではありませんが。それよりも、『積極的生徒指導』にならざるを得なくなるという生徒指導の実践のほうがいいんですよ」

学生「先生、その〝ならざるを得ない〟って、何か夢も希望もない実践に聞こえてしまうんですが」

筆者「〝消極的生徒指導〟をしていたら、いつのまにか〝積極的生徒指導〟になっていた、と言ったほうがいいかな。大上段に、さあ『積極的生徒指導』を始めるぞと思っても、結局は何をしたらいいのかわからないから迷うし、そのため本気に取り組めないし、結局、中途半端で終わり、何年経っても『積極的生徒指導』にたどり着ける先生は、少ないんですよ。現場はトラブルの対応に追われますから。それよりも確実に『積極的生徒指導』にたどり着ける道を身につけることのほうがいいと思うのです」

学生「でも先生、その対応に追われるのがダメなのだから、やはり「積極的生徒指導」をしなくては？ 先生は真逆のことを言っていませんか。どんな本にもそんなことは書いてありませんよ」

簡潔に言うのは難しいのですが、「積極的生徒指導」（つまり、「育てる生徒指導」）は「消極的生徒指導」（つまり、「防ぐ生徒指導」と「治す生徒指導」）の中にこそ、その〝萌芽〟があるのです。別個の生徒指導として、あるわけではないのです。

つまり、「消極的生徒指導」の発展の先に「積極的生徒指導」が見えてくるということです。生徒指導に二つの道があるのではなく、「消極的生徒指導」の先にあるのです。

「消極的生徒指導」に〝積極的〟に取り組む

その〝萌芽〟を見つける一番の早道で確実に見つけられる方法は、「消極的生徒指導」に〝積極的〟に取り組むことです。何とも皮肉な言い方に聞こえますが、皮肉ではありません。積極的に取り組むと、否応なしに「積極的生徒指導」になってしまうのです。

その後、先の学生は私の授業で以下のような授業を受けることになりました。その授業の概略を紹介します。受講する学生には事前に次の課題を与えています。

この授業の目的は、単に用語として「積極的生徒指導」を理解するのではなく、直面している「消極的生徒指導」に対応する中で、否応なしに実感として「積極的生徒指導」の大切さを感じ、その生徒指導に近づく方法を身につけた教師になることです。

課題「学級に繰り返し暴力を振るう子がいます。あなたならどう取り組みますか」
〈条件1〉課題にある事実の細部はあなたが自由に想定して構いません。
〈条件2〉繰り返す子ですから、厳しく注意したぐらいでは直りません。
〈条件3〉3個以上の『なぜ』を設定して、その答えを予想しながら、「取組」を考えなさい。予想にも取り組み方にも正解はありません。自由に考えなさい。

3回のうちの1回目の授業は、事前に指名しておいたABCDさんの4名に各10分程度で発表してもらいました。受講生には発表者の「なぜ」に注目して、発表者の「なぜ」を書き留めておくように指示しておきました。残り時間は、「なぜ」に焦点を置き、私が4人にどのような理由で、その「なぜ」を設定したのか問答式で質問し、設定理由を明確にしました。

2回目の授業は、前回の4名の「なぜ」の設定理由をプリント1枚に一覧にして配布しました。3個以上の「なぜ」を設定する条件ですが、実際には二つで挫折したり、「なぜ」になっていなかったりといろいろです。この2回目の授業は受講者全員が「設定理由」と

「取組」を、自分のものと代表4名のものと比較して、年度当初からのグループ内で自由討論にしました。

当然のことですが、多くの学生は自分が中学・高校時代に先生たちに指導された範囲を出るものではありません。良い経験も悪い経験も、こうして受け継がれていくのだ、と私は思ったものです。

最後の3回目の授業は、私の講義が中心になります。

1回目と2回目の授業を整理したものの概略は以下です。

生徒指導というのは、目の前の困っている生徒はもちろん、荒れた生徒、生活の乱れた生徒に積極的に取り組むことです。つまり、積極的に「消極的生徒指導」に取り組もうということです。みなさんが採用試験の対策で勉強していることと違いますね。

「いや、自分が勤めた学校が落ち着いていて、荒れた生徒がいないかも」と思っている人はいませんか。今日《こんにち》、全員が健全に育ち、問題が皆無という学校はあり得ません。

荒れた生徒にとことん取り組むと、そこには「なぜ、荒れるのか」という原因や理由があることがわかります。生徒が荒れる原因と理由がわからずに、的確な生徒指導はできません。ですから、この「なぜ」という設定が重要になってきます。

「荒れた生徒」にとことん取り組む

そこで、課題の「学級に繰り返し暴力を振るう子がいます」で、実際に「なぜ」を設定してもらうことにしました。とことん取り組むのですから、1回や2回うまくいかなくても諦めてはいけません。すると、誰でも「なぜ、いくら叱ってもダメなのだろうか」と自問するはずです。

これで最初の「なぜ」が設定されました。「なぜ」の答えは、実にいろいろあるでしょう。

Aさんは「何でも暴力で押し通す性格だから」と〝性格〟に原因を求めました。

Bさんは「周囲の子たちは無関心で、止める者もいなければ先生に連絡する素振りもない」ことから〝周囲の無関心〟に原因を求めました。

Cさんは〝父親のあり方〟に問題があるのではないかと考えました。

Dさんは〝放課後の仲間集団〟が健全でないことに原因を求めました。

課題の細部は4人が自由に想定したものです。実際の問題ではいくつかの制約を考慮しながら、想定することになるでしょう。

それでは、どんな取組が出てくるでしょうか。

〝性格〟に原因を求めたAさんは、性格を直させることに取り組むということになってしまいます。そのためAさんは、その都度話をして解決の方法を教えたい、と考えました。難しいでしょうが、スクールカウンセラーと連携し、カウンセリングを受けさせるのは取組として悪くはありません。

Bさんは〝無関心〟に原因を求めました。もっと子ども同士が関心をもつようなクラスにするためには、学級活動として集団ゲームや遊びの企画を考えました。子ども同士のやりとりがあれば仲間もできるし、お互いの関心も生まれると考えたようです。

Cさんは〝父親のあり方〟ですから、父親との懇談を重視しました。自分のほうがずっと若いので、生徒指導主事や学年主任の先生たちにも協力してもらうことにしました。

Dさんは〝放課後の仲間集団〟です。放課後の過ごし方について、本人や母親と話し合い、帰宅後の生活について見直し、家庭学習にも力を入れることにしました。

さて、4人の設定した「なぜ」と「取組」はいずれも間違っていません。「なぜ」を設定できたからこそ、「取組」が生まれたのです。よくある指導のように、もし厳しく説教をする、保護者に連絡する、などというレベルであれば、それらを何度も繰り返すだけで場合によってはさらにエスカレートするかもしれません。

しかし、まだダメです。繰り返しているのですから、この程度で好転する例はほとんどりません。

「なぜ」を何度も設定し、追究する

次に、さらに「なぜ」を設定します。

Aさんで言うと、「ではなぜ、何度も話したり、カウンセリングを受けたりしているのに好転しないのか」という二つ目の「なぜ」です。Aさんはこう考えました。叱られている内容はわかっているのですが、トラブルの場面になるとカッとなって手が出てしまいます。でも、実は心の中で「まずい。またやってしまった……」という反省があるように思いますから、きっと本人も困っているはずです。そこで「アンガーマネジメント」という心理療法はどうかと考え、自分は詳しくないのでスクールカウンセラーに相談し、さっそく取り組むことになりました。こうして二つ目の「取組」が始まります。

Bさんはクラス全体の互いのかかわりをもっと濃くしようと取り組んだわけですが、肝心の暴力を振るう子は集団ゲームや遊びの企画に乗ってこず、周囲の子も警戒してうまくいきません。今度は「本人はなぜ乗ってこないのか」という次の「なぜ」を設定し、「もっと本人の興味・関心のあるものや、特技を発揮できるものになっていないからだ」と考えました。「取組」方も変えて小集団にして、本人に合う企画をつくります。そのためには本人と少しは人間関係がある小集団をつくるために、この企画なら○○君や○○君が適任者なので、事前に頼んでおこう、と作戦を立てました。

Cさんは父親と相談しましたが、父親はあまり悩んでいる様子はありません。「なぜ、父親は淡々としているのか」と二つ目の「なぜ」を設定しました。「母親の話だと少しは本人への接し方が変わったらしいので、今度は授業参観や懇談会、行事の見学に来てもらい、わが子の現実の姿を知ってもらおう」と考え、さっそく父親と相談する作戦を立てました。

Dさんは「放課後の仲間集団とのつきあいは今も続いていて改善されず、時には深夜徘徊も繰り返しているのは、なぜだろうか」と二つ目の「なぜ」を設定し、「きっと、母親の協力もなく改善されていないに違いない」と考え、「母親の帰宅時間を早くしたり、夕食時には本人のことを話題にしたり、もっと本人にかかわれるように具体的に決める」ことにしようと作戦を立てました。

「育てる生徒指導」にたどり着く道は、たくさんある

(ここでは3つ目と4つ目の「なぜ」は省きます)

とことん取り組むとは、「なぜ」をとことん追究するということです。諦めずに追究すればするほど、適切な生徒指導になっていくのだと思います。

Aさんは心理的な面に、Bさんは学級の集団の力に、Cさんは父親の教育力に、Dさんは放課後の生活、特に仲間集団に着目して追究したといえます。

実はどこをたどっていっても、行き着くところはみな同じです。山の頂上にたどり着くルートが何通りもあるのと同じです。多少の時間や距離に違いはあっても、自分に適したルートを行けばいいのです。

「育てる生徒指導（積極的生徒指導）」にたどり着く道も同じで、4人がたどり着くのは同じところです。生徒指導というのは、「こうであり、他は間違っている」などとかたくなに考える必要はありません。

念のために、二つほど言い添えておくと、すぐに立ち直ることのない間も、理由がどうであれ、起こした暴力を認めてはいけません。暴力を振るったら、その都度厳しく叱っていいのです。そうしなければ、被害者にも一般生徒にも信頼されなくなりますから。この時点では、まず叱るという「外科的治療」と、次に「なぜ」繰り返すのかという「内科的治療」を同時並行で進めることになります（↓「手引き」⑰）。

もう一つ、これは私自身のたどった道になりますが、諦めずに相当忍耐強くないと生徒指導はできないということです。諦めたくなると、「苦労せずに効果のあるものはないだろうか……」と思ってしまいます。そして、「これこそが生徒指導」「これからの生徒指導」

「新しい生徒指導」「目から鱗の生徒指導」などの魅力的な枕詞がついた生徒指導本についつい頼ってしまい、結局落胆することを繰り返した私がたどり着いた道は「なぜ」をとことん追究した生徒指導でした。しかも、あの「消極的生徒指導」の中に萌芽があったのです。

自らに適したルートで、自ら「なぜ」を設定して「取組」をつくり、これを繰り返すという道をたどらない限り、生徒指導の力は身につかないのではないかと思います。「なぜ」を設定して取り組んでいく生徒指導は、あの「消極的生徒指導」といわれているものです。

結局、「育てる生徒指導」とはどんなことか

代表して発表した4人の受講生は、少しずつ「育てる生徒指導」に近づいてきているのです。4人のルートの先には、「もっと、オレを相手にしてくれ」「オレを見捨てないでくれ」などというメッセージがあります。そこにたどり着くにはあと少しです。メッセージが生徒指導の本に書いてあっても、研究者が言っていても、先輩教師が言ったとしても、自ら荒れた生徒やその保護者と格闘してはじめて、そのメッセージの真実性と重要性を実感することができるのです。

人は自分の存在が無視されたり、認めてもらえなかったりすることには耐えられませ

ん。だから、存在が認められるためにはそれが悪さであっても平気でやってしまいます。

教師がどんなに非行生徒を諭しても、何度でも同じ悪さを繰り返すのも、簡単には非行集団から脱け出せないのも、この非行集団にいると「注目されている」「存在が認められる」という魅力があるからです。

Aさんは〝性格〟というルートをたどりました。暴力を振るった生徒は、担任からも叱られ説教もされたでしょう。スクールカウンセラーとも、親とも話したでしょう。何もしていなければ、こんなに話をしたり聞かされたりすることはなかったでしょうが、たまたま暴力という問題のために、こんなに多くの人と話すことになりました。

こうして本人は「注目されている」「存在が認められている」という目的を達しようとしているのかもしれません。

Bさんは〝無関心〟というルートをたどりました。「もっとオレにも注目してくれよ。相手にしてほしい」という目的を果たすために、暴力を振るうのではないだろうか。先生にも親にも叱られるから。ならば、まっとうな方法を教えればいいのです。

Cさんは〝父親のあり方〟というルートをたどり、もっと父親に相手にしてもらいたいのかも、ということにたどり着くでしょう。

Dさんは〝放課後の仲間集団〟というルートによって、「〝もっと親やクラスの子たちから相手にしてほしい〟と訴えているに違いない」に、たどり着くでしょう。

こういうたどり着き方は、現場にいる教師だけが肌で感じ取ることのできる特権です。「生徒の個性の発見や伸張、社会性の育成を目指す」などという、机上で学んだ抽象的なものとは違います。

しかし、たどり着くためには、それなりに教師側に忍耐が必要です。

暴力を振るった子の言い分（勝手な言い分でも）もよく聞きます。時には怒鳴ることもあるでしょう。家に押しかけ、親も交えて、話し合いを何度もします。厳しく問い詰めることもあります。言い合いにまで発展するのが普通です。

その結果、たいがいは嫌われますが、何らかの変化が現れます。一時的に反発して、さらに荒れることがあっても、多くの場合は問題行動のトーンが落ちたり、生徒指導の教師との人間関係が好転したり、変化が見られるようになります。

もし、衝突を避けてトラブルの回避を優先していたらどうなるでしょうか。生徒指導の経験者なら誰もが知っています。必ずエスカレートしていくことを。

つまり、荒れている生徒の心の中は、おそらく「俺がこんなに悪さをしているのに、先公は無視かよ」「これでもまだ俺を止めないのかよ」という感じなのです。

違う言い方をすれば、人はその存在が無視されたり、認めてもらえなかったりすることには耐えられないのです。だから、存在が認められるためにはそれが悪さであっても平気でやってしまいます。

教師がどんなに非行生徒を諭しても、同じ悪さを繰り返すのも、非行集団から脱け出さないのも、そこに「存在が認められた」「存在が注目された」という魅力があるからなのです。

それでも、「人はその存在が無視されたり、認めてもらえなかったりすることには耐えられない」ということがわかっても、そんな抽象的なことをどうやって実現すればいいのだろうか、と思うかもしれません。

「存在が認められる」は、とても具体的！

しかし、これほど具体的な言葉はありません。教師に「存在を認めてほしい」というアピールですから、例えば、廊下で会ったら声をかける、良いことをしていたらほめる、悪さをしていたら叱る、学級で係などの仕事をやってもらう、行事などで特技を生かして何かの役割を担ってもらうなど、いくらでもあります。

何の取り柄もない子がいるというなら、趣味や特技の話（例えば、バイク、釣り、ゲームなど）を聞いてあげると、きっと「自分は無視されていない」と思うでしょう。「無視されていない」ということは、「存在を認められている」ことの第一歩だからです。
「存在が認められる」という体験を積み重ねる場や機会を増やすことは、生徒指導そのものです。この認められるという欲求が満たされないと、子どもは健全に発達できません。容易に悪事にも浸ってしまいます。

学級で存在が認められるというのは、具体的には次のようなことです（↓「手引き」⑬）。「僕はクラスの○○係で役立っているんだ」「私はクラスで必要とされているんだ」「僕は行事で活躍できたと思うが、僕にも価値があるんだ」などということを実感していることをいいます。

一挙にこの感覚に到達するわけではなく、最初は「僕はみんなから注目されている」「私はみんなから相手にされている」などのレベルを積み重ねることによって、より高次の「認められる」にたどり着きます。相手にされたり注目されたりするのが、認められたり必要とされたりするための大前提です。他者とのかかわりがない限り、得られない感覚・体験ですから。

こういう感覚や体験は学習活動だけではとても無理でも（特に、勉強の苦手な子）、学級活動・係活動・委員会活動・各種の行事などの場で得ることができます。

つまり、学級経営や特別活動の一部は**生徒指導そのもの**なのです。ですから、生徒指導は全ての教師が全教育活動の中で行うものとされているわけです。

みなさん、どうして私が生徒指導の世界では常識のように言われていることに違和感を抱いているのかがわかってもらえたでしょうか。もし教員になったら、どうか積極的にトラブルに対応して、ただし、とことん「なぜ」を追究して「育てる生徒指導」を身につけてください。他人から教えられる理論や技術は、案外と身につきません。目の前にいる生徒との格闘の中から、理論や技術に到達するほうが近道です。

最後に、本章のテーマではありませんが一言付け加えておきます。

右の感覚や体験は、よくある厳しい「校則指導」によって落ち着いた学校をつくろうという考え方のもとでは、実現はとても難しいと思います。

なぜなら、「なぜ」を追究していく生徒指導の場面なのに、校則を守らせる生徒指導が優先されているからです。服装や頭髪違反の子どもを教室に入れずに、どうやってその生徒の「なぜ」を追究するのでしょうか。違反には深い「わけ」があるのですから……。

・『不安』第１章第８考「小さな失敗」をたくさん経験する

⑥「基本的欲求」

・『手抜き』第10講 欲求を満たし、絆のある学級をつくる

・『いじめ』鉄則17 いじめの起こりにくい学級づくり

・『不安』第１章〈補考〉荒れた子はどのように感じると、立ち直るか

問題行動は、生まれながら誰もが本能としてもっている、この「基本的欲求」が満たされないと起きます。

⑦「心のコップの水」

・『いじめ』鉄則20「命の大切さ」と「心のコップの水」で教える防止授業

「たった１回」の「死ね」が最後の一滴となり、死を選ぶことになることを１時間の授業にしたもの。

⑧「警察問題」

・『24の鉄則』鉄則12 学校と警察の連携は当然である

・『いじめ』鉄則10「暴力系いじめ」には法的対応が基本

今日では、学校が警察に相談したり連携して対応したりすることは受け入れられており、かなりの自治体に「学校警察連絡協議会」があります。しかし、警察との連携を「教育の敗北」とする教師もいまだ多く、暴力を伴う問題行動に有効に対応できず、事実上機能していない場合があります。

⑨「PDCA」

・『不安』第２章第５力「まずやってみて、すぐ修正し、またやってみる」力

⑩「指導の結果を確かめる」

・『手抜き』第18講 生徒指導は指導の結果を必ず確かめる

これは「PDCA」のＣにあたります。これで解決すればいいですが、だめな場合は次のＡで修正し、方針を作り直す（Ｐ）ことを繰り返します。

⑪「寝た子を起こすな」

・『ルール』４「寝た子を起こす」ことを恐れる学校

校内で起きている問題を隠していては、一般生徒の正義感を育てることはできません。

⑫「中間的集団を育てる」

・『学級経営』鉄則⑤ 学級内の力関係を知る

・『ルール』１「荒れた生徒」ばかりに取り組む学校

・『不安』第１章第２考「荒れた生徒」ばかりを追い回さない

「荒れていない子たちに取り組む」という意外なことに着目することを説いています。この「荒れていない子たち」こそが「中間的集団」です。

・『ルール』５「中間的集団」を育てない学校

「中間的集団」に支持されなければ荒れは克服できないことを説いています。

⑬「行事に取り組む」

・『学級経営』鉄則⑨ 行事などに取り組む学級にする

・『手抜き』第10講 欲求を満たし、絆のある学級をつくる

・『いじめ』鉄則17 いじめの起こりにくい学級づくり

⑭「指導の二重構図」

・『ルール』10「指導の二重構図」を生む方針の指導部

・『不安』第１章第３考 服装・頭髪違反の「根本」にあるもの

・『手抜き』第９講 不公平感を生んではいけない

服装・頭髪の指導の際に「一般生徒には厳しく」「荒れた生徒たちには甘く」という二重の基準

P.158に続く→

手引き

本文中で詳しく述べられなかったことについて、私の他の著作で補っていただきたく思います。

「新装版 生徒指導24の鉄則」→『24の鉄則』
「新装版 荒れには必ずルールがある」
→『ルール』
「新装版 荒れへの不安がにわか指導につながる」
→『不安』
「新装版 その手抜きが荒れをまねく」→『手抜き』
「新装版 いじめ指導24の鉄則」→『いじめ』
「新装版 学級経営17の鉄則」→『学級経営』
「新装版『叱り方』の教科書」→『叱り方』
『生徒指導「トラブル対応」の教科書　事例編』
→『事例』
(以上のように書籍名を略す。全て「学事出版」刊)

①「いじめ自殺事件」

マスコミが報道する「いじめ問題」という時の「いじめ」には、子どもの起こす「問題行動」のほぼ全てが含まれているため、議論が混乱する理由の一つになっています。「いじめ」ではない思春期特有の「健全なトラブル」というのがあるのです。

・『いじめ』鉄則1「いじめかどうか」ではなく、事実を指導すればいい
・『24の鉄則』鉄則4「いじめかどうか」ではなく「起きた事実に対応する」

いじめの“判断・認知”などは事実を確定しないと、いじめかどうかはわからないことについて詳しく述べています。事実を確定せずに、最初にいじめかどうかを判断してから対応するということは学校現場では通常はありません。事実を正確に確定しないうちに、いじめかどうかの判断をしようとするため、いじめと判断しなかったケース(例えば、「ただのトラブル」「よくある一過性のもの」等）は対応しません。その結果、事態は悪化し、「いじめだとは思わなかった」という学校側の弁明になるのです。

大事なのは、「いじめかどうか」というフィルターにかけ直すのではなく、起きたこと全てに対応することなのです。その結果として、いじめなのかがわかるでしょう。子どもや親にとっては、いじめかどうかの判断よりも、被害がなくなればいいのですから。

②「よく観る」

・『不安』第2章第2力 よく観る力
・『学級経営』鉄則⑬ 子どもをよく観る

「よく観る」の具体例について詳しく述べています。指導方針に困った時には、この「よく観る」に戻ってみるといいでしょう。

③「『わけ』を探る」

・『不安』第1章第4考 問題を起こす「わけ」を探る
・『学級経営』鉄則⑪ 問題行動には「わけ」がある
・『手抜き』第11講 問題行動には「わけ」がある
・『事例』第1章①

問題行動には必ず「わけ」がありますが、根本的な指導をするにはどうしてもこの「わけ」を探らないと適切な方針は立てられません。

④「よく観て、『根っこ』を探す」

・『不安』第2章第4力「根っこ」に取り組む力
・『手抜き』第16講 生徒指導の力は「根っこ」を見つける力
・『本書』第3章②

私の「教職課程」の授業をもとに詳しく紹介しています。生徒指導では「なぜ、あの子はあんなことをするのか」という問いはとても大切です。生徒指導の力量はこれを問い続けることです。「なぜ→Aだからだ→なぜAなのか→Bがあったからだ→なぜBがあったのか→Cだったからか……」と問い続けることによって、より根源的な「わけ」に近づきます。

⑤「3つの無駄」「3K」

・『ルール』13「三つの無駄」を活かさない指導部

→P.156右段下からの続き

が生まれざるを得ないことについて詳しく述べています。いわゆる「ダブルスタンダード」ですが、「二重構図」というのは生徒指導そのものが不公平感を生む構造になってしまっている危険を言っています。

⑮「一時棚上げ」

・『手抜き』第15講「棚上げ」式の生徒指導がいい
・『不安』第１章第３考 服装・頭髪違反の「根本」にあるもの

⑯「思春期の問題は家族の問題」

・『手抜き』第11講 問題行動には「わけ」がある

問題行動を繰り返す生徒は、わずかの例外を除いては、思春期の問題は家族の問題でした。

⑰「外科的治療」と「内科的治療」

・『不安』第３章「演習問題⑥」教室を出入りし、授業が落ち着かない
・『学級経営』鉄則⑪ 問題行動には「わけ」がある

一般的に問題行動の指導は、外科的治療から始まりますが、効果がなかったり繰り返す場合には、内科的治療も併用することになります。

「トラブル解決までのフローチャート」（P.10）と「問題行動の違い」（P.15）は右のQRコードからダウンロードできます。

おわりに

私は若い頃、荒れた学校に勤めていて、本当に苦労しました。その頃の大学では、教員免許には生徒指導の単位は必修でなかったせいもあり、恥ずかしながら教師になった時は、「生徒指導」という言葉も知りませんでした。

先輩教師や同僚からは見よう見まねで学び、試行錯誤を繰り返してきました。57歳まで生徒指導部長や学年主任などを兼任して、担任を務めました。

そのため、「どのように説明するか」ということに苦労してきました。1人では何もできないからです。こうして生まれたのが、第1章の「解決のための7つの鉄則」です。

実際の生徒指導の現場を見ながら学べると良いのですが、他の先生たちの実際の生徒指導を見る機会は、なかなかありません。そこで第1章の鉄則がどのように使われているのかを示すために、第2章で〝実況中継〟風に再現しました。

第3章は第1章と第2章の根幹にある生徒指導のあり方を問うたものです。なお、さらに個別の課題に対応する具体的な技術や方法は、姉妹本の『生徒指導「トラブル対応」の教科書　事例編』をお読みください。

吉田 順（よしだ・じゅん）

1950年、北海道別海町生まれ。横浜市で37年間公立小中学校に勤務。担任32年、生徒指導部長16年、学年主任13年兼任。2011年定年退職。平成元年より「生徒指導」ネットワーク主宰。現在、「生徒指導コンサルタント」として全国の「荒れる」学校を訪問し、指導方針づくりに参画。「生徒指導」「非行・問題行動」「荒れる学校」「学級経営」などのテーマで講演、著述、相談活動をしている。訪問した学校は40年間で200校を超える。

〈「生徒指導」ネットワーク連絡先〉
〒236-0022 横浜市金沢区町屋町32-41（吉田）
Tel&Fax 045-701-2567
E-mail 24network@iron.biglobe.ne.jp
※質問・悩みなどをお寄せください。ご質問などには必ず回答します。

生徒指導「トラブル対応」の教科書　プロセス編
問題発生から解決まで

2023年5月10日　初版第1刷発行

著　者　吉田 順
発行人　安部 英行
発行所　学事出版株式会社

〒101-0051　東京都千代田区神田神保町1-2-5
電話　03-3518-9655
HPアドレス　https://www.gakuji.co.jp/

編集担当　町田 春菜
表紙デザイン　奈良 有望
印刷・製本・本文デザイン　研友社印刷株式会社

ISBN 978-4-7619-2918-3　C3037